KT-168-223

O BEN CILAN I BOMBAY

Cardiff Libraries
www.cardiff.gov.uk/libraries

Llyfrgelloedd Caerdy
www.caerdydd.gov.uk/llyfrgelloed

RD

ACC. No: 06006157

O BEN CILAN
I BOMBAY

Yn seiliedig ar atgofion gwas ffarm
a milwr yn y Rhyfel Byd Cyntaf

HARRI PARRI

Hawlfraint
© Harri Parri
© Gwasg y Bwthyn
2016

ISBN 978-1-907424-91-5

Cedwir pob hawl.
Ni chaniateir atgynhyrchu unrhyw ran o'r cyhoeddiad hwn
na'i gadw mewn cyfundrefn adferadwy na'i drosglwyddo
mewn unrhyw ddull na thrwy unrhyw gyfrwng, electronig,
electrostatig, tâp magnetig, mecanyddol, ffotogopïo,
recordio, nac fel arall, heb ganiatâd ymlaen llaw gan y
cyhoeddwyr.

Cyhoeddwyd gyda chymorth ariannol
Cyngor Llyfrau Cymru

Clawr: Sion Ilar

Cyhoeddwyd ac argraffwyd gan
Gwasg y Bwthyn, Caernarfon
gwasgybwthyn@btconnect.com

I Mair Parry
yr olaf o blant Mary a David Jones
a ddathlodd ei phen-blwydd ar 20 Tachwedd, 2016
yn 93 mlwydd oed.
'Bu'n annwyl hyd benwynni.'

CYDNABOD

Chwilota peth o hanes Penrhyn Llŷn yn ystod y Rhyfel Byd Cyntaf roeddwn i a golygai hynny holi hwn ac arall. A dyma gael sgwrs hefo John Gruffydd Jones, bardd, llenor a hen gyfaill ysgol i mi. Y fo soniodd fod 'Dafydd Jones, Tŷ Brics' wedi bod yn y Rhyfel Byd Cyntaf ac iddo gofnodi'r hanes. (Roedd Trigfa, cartref John, a Thŷ Brics, cartref Dafydd Jones, o fewn lled cae i'w gilydd.) Mae fy niolch cyntaf i, felly, i John am fy nghyfeirio at y cawg aur.

Elwyn Thomas, yr hynaf o wyrion David Jones, a'i chwaer, Gwyneth, o Forfa Nefyn, oedd ceidwaid y llawysgrif a bu'r ddau – fel eraill o'r disgynyddion y bûm ar eu gofyn – yn gefnogol a chroesawus. Heuwyd yr had, taniwyd y brwdfrydedd, daeth ddoe yn ôl a thyfodd stori un dyn yn hanes teulu ac yn gofnod o gyfnod. Amhosibl oedd cyfeirio at bob gwybodaeth, na chofnodi pob sgwrs, ond ceisiais gydnabod ffynhonnell pob dyfyniad. Diolch i rai a aeth ati i dyrchu allan hen luniau ac aeth un o'r gorwyrion, Llelo Gruffudd, Ffotograffiaeth Llŷn, sy'n ffotograffydd wrth broffesiwn, i dynnu rhai newydd. Hoffwn ddiolch yn fawr i Gwenllian a Tony Jones, rhiw.com, am eu caniatâd parod i mi ddefnyddio nifer o luniau. Manteisiais, hefyd, ar y wybodaeth gyfoethog a gasglwyd ganddynt am arferion ffermio ar benrhyn Llŷn. O'r toreth lluniau a ddaeth i law bu'n rhaid dethol, a hynny'n bennaf ar sail yr ansawdd.

Bu Gwasg y Bwthyn yn barod iawn i gyhoeddi'r gyfrol. O'r herwydd, hoffwn ddiolch i Geraint Lloyd Owen, Swyddog Cyhoeddi'r wasg a Marred Glynn Jones, Golygydd Creadigol, am eu cymorth a'u brwdfrydedd. Cefais gymorth Malcolm Lewis gyda'r dylunio a throi'r deunydd yn gyfrol. Fel myrdd o weithiau o'r blaen, mawr ydi fy niolch i Adran Olygyddol y Cyngor Llyfrau am gymorth a chefnogaeth.

HARRI PARRI

RHAGAIR

Wrth ysgrifennu 'Brithgofion' – a dyna deitl y llawysgrif – adroddodd David Jones, Tŷ Brics, Mynytho, ar Benrhyn Llŷn, stori bywyd gwas ffarm a chofnodi hanes ardal a chyfnod yr un pryd. Mae'i stori'n ymestyn o ddiwedd oes Fictoria hyd saithdegau'r ugeinfed ganrif ac yn crwydro o Ben Cilan, ym Mhen Llŷn, i'r India bell ac yn ôl drachefn. Cyn amled â pheidio, arddull dyddiadur sydd i'r gwaith: enwi personau a chofnodi digwyddiadau, nodi rhod y tymhorau a'i orchwylion o ddydd i ddydd ynghyd â rhoi barn onest am feistr a gwas fel ei gilydd. Ar dro, ceir portreadau digon cofiadwy o'r cymeriadau a ddeuai ar draws ei lwybr. Rhydd sylw eithaf manwl i'r ddwy genhedlaeth a'i rhagflaenodd eto dim ond sylw wrth fynd heibio, fel petai, i'w blant. Wrth gwrs, fel y nododd, ysgrifennu'r hanes ar gyfer ei blant oedd y bwriad.

Pobl oedd ei brif ddiddordeb ond bu'r un mor frwd i gyfeirio at ugeiniau o anifeiliaid y bu yn eu cwmni – ceffylau'n bennaf. Mae'n manylu'n gyson ynghylch y math o fwyd a fyddai ar y byrddau a swm y cyflog y cytunid arno ar ben tymor. Ambell waith noda'r dydd, y mis a hyd yn oed yr awr y digwyddodd y naill beth a'r llall. Dro arall – ac yn amlach na pheidio – rhaid i'r darllenydd weithio allan yr union amser drosto'i hun. Ond mae'r hanes yn rhedeg yn gronolegol esmwyth.

Ai dibynnu ar ei gof eithriadol roedd o wrth ysgrifennu'r 'Brithgofion' – sy'n tynnu at 80,000 o eiriau i gyd – neu ddyfynnu o ddyddiaduron y bu'n eu cadw? Mae'n anodd profi; y ddeubeth o bosibl. Fe'i hysgrifennodd yn ysbeidiol rhwng tridegau a chwedegau'r ganrif ddiwethaf. Wedi diwrnod hir o agor ffosydd neu gario gwair, dyweder, byddai blinder yn siŵr o fod yn rhwystr. Gefn gaeaf wedyn, gyda dim ond golau anwadal cannwyll wêr neu lamp baraffîn – hyd y pumdegau beth bynnag – byddai angen cryn rym ewyllys i fynd at y gwaith o gwbl. Sut bynnag y daeth i ben â hi, rhoddodd i ni gip go eithriadol ar fywyd gwas ffarm a'i deulu am gyfnod o hanner can mlynedd neu well.

Ysgrifennodd yr un mor fanwl, a'r un mor ddiddorol, am ei brofiadau yn yr India adeg y Rhyfel Byd Cyntaf. Fel 'ceffylwr' yn y Fyddin, yn y rhannau yna o'r byd, mae ganddo stori wahanol iawn i'w hadrodd am y Rhyfel Mawr. Un newid yn ei arddull wrth adrodd y stori honno ydi fod mwy o dermau Saesneg yn britho'r gwaith. Dyna a glywai o ddydd i ddydd. Ni feddyliodd, mae'n debyg, am roi cynnig ar eu Cymreigeiddio – petai ganddo'r hamdden a'r ynni i geisio gwneud hynny.

Yn anfwriadol felly, mae 'Brithgofion' yn astudiaeth werthfawr o ymborth morynion a gweision ffermydd Llŷn ac Eifionydd ar y pryd, megis brwas a bara llaeth, pwdin llo bach a llymru. (Chollodd o mo'i archwaeth, chwaith, wedi iddo fynd i'r Fyddin.) Cyfeiria'r un mor aml at yr offer a fyddai at ei wasanaeth – sy'n greiriau gweddol brin erbyn hyn – megis og a chribin delyn, cyllell wair a phicwarch. Mae casgliad ar gael o luniau o'r teulu, o rai o'r ffermydd lle bu'n gweini ynghyd â mannau lle bu'n gwersylla yn yr India.

Wyddwn i ddim, nes imi ddechrau pori yn y 'Brithgofion' fy mod i, hefyd, yn darllen peth o hanes fy nheulu i fy hun yr un pryd. Bu'n cyndadau ni'n dau am flynyddoedd yn byw mewn dau dyddyn sydd dros y ffordd i'w gilydd yn ardal Bwlchtocyn – Crowrach Uchaf a Chrowrach Isaf. Yna, sylweddoli, am y waith gyntaf, i fy mam a Dafydd Jones gael eu geni o fewn ychydig fisoedd i'w gilydd ac i'r ddau, hefyd, fynychu'r un ysgol, yr un pryd yn union â'i gilydd.

Ei unig fab, John Owen Jones, a drigai yng Nghaernarfon unwaith, a deipiodd y gwaith a'i dwtio o bosibl. Wrth ddyfynnu o'r gwaith bu'n ofynnol golygu peth i sicrhau eglurder a chysondeb ond glynais fel gelen at werin eiriau Llŷn sy'n britho'r gwaith, megis 'wrach', 'ron bach' a'u tebyg. Yr hyn sy'n gloywi'r trysor i mi, ydi iddo gofnodi'r cyfan mor gofiadwy gan ddefnyddio ymadroddion rhywiog iaith lafar yn fath o edafedd i bwytho'r cyfan wrth ei gilydd. Ei enw dydd Sul ac mewn amgylchiadau ffurfiol oedd David Jones. Dafydd, yn ddiamau, oedd ei enw bob dydd i deulu a chydnabod. Penderfynais lynu at hwnnw os nad oedd galw am i mi ddefnyddio'r llall.

HARRI PARRI

1 Dafydd, Crowrach Isaf

Chwilota peth o hanes Penrhyn Llŷn yn ystod y Rhyfel Byd Cyntaf roeddwn i ac fe olygai hynny holi hwn ac arall. A dyma gael sgwrs hefo John Gruffydd Jones, bardd, llenor a hen gyfaill ysgol i mi.

'Oeddat ti'n gwbod,' gofynnodd John, 'fod Dafydd Jones, Tŷ Brics, wedi bod yn y Rhyfal Byd Cynta' a'i fod o wedi sgwennu'r hanas?' Doeddwn i ddim ond roedd Trigfa, cartref John, a Thŷ Brics, cartref Dafydd Jones, o fewn lled cae i'w gilydd. 'Wel, hola'i deulu o,' awgrymodd. Mi wnes i hynny ac felly y dois i o hyd i'r cawg aur.

Ar wahân i flynyddoedd y Rhyfel Mawr, gwas ffarm fu Dafydd Jones gydol oes. Yn ysbeidiol, rhwng godro a gwely – neu ar fwrw Sul gwlyb dyweder – aeth ati i gofnodi'i hanes yn gweini o ffarm i ffarm ar Benrhyn Llŷn ac, yn achlysurol, dros y clawdd terfyn yn Eifionydd. A beth am y daith orfodol honno, wedyn, o Ben Cilan, yng ngwlad Llŷn, i Bombay yn yr India bell – Mumbai erbyn hyn – ac yn ôl drachefn?

Roedd yna dri Crowrach i gyd a'r tri o fewn tafliad carreg i'w gilydd; 'Crowrach Pyrs' y gelwid y trydydd a hynny am mai dyna gyfenw'r teulu a drigai yno, unwaith.

Yng Nghrowrach Isaf, cartref ei nain, y ganwyd Dafydd a hynny ar 8 Awst 1892. Tyddyn naw acer oedd y lle bryd hynny, a'i rent blynyddol yn bunt yr acer. Pan oedd ei nain yn blentyn, tŷ to gwellt oedd yno ac yn eiddo i stad y Faenol. Ei rhieni hi a dalodd am godi tŷ a beudái newydd yno, ac Assheton Smith, y perchennog, yn rhoi'r defnyddiau ar gyfer hynny. Fe'i magwyd yno gyda'i rieni, fel ei frawd, John, a'i chwaer, Jane, ar ei ôl. Arhosodd hynny'n ddirgelwch iddo. 'Nis gwn yn iawn,' meddai, 'sut y cafodd nhad a mam eu hunain yno; hwyrach mai methu taro ar le a wnaethant . . . ac amgylchiadau nain hwyrach yn gwasgu arni.'

MAM NON

Jane Thomas oedd enw morwynol ei nain a Jane Evans wedi iddi briodi ond fel 'Mam Non' y cyfeiria ati'n ddieithriad. Ac er iddo ddefnyddio tudalennau lawer ar ddechrau'i atgofion yn olrhain ei achau, o'r ddwy ochr, ysgrifennodd yn llawnach am Mam Non nag am odid fawr neb arall o'i deulu. Mae ei arddull yn cynhesu'n ogystal. Wedi'r cwbl, cafodd ei fagu yn ei chysgod. Meddai:

> 'Gwelaf hi yn fy meddwl y funud hon – hen wraig landeg heb fod yn dal, gwallt du fel y frân, bonet am ei phen, yr un bonet ar hyd yr amser, cêp dros ei hysgwyddau, a ffon yn ei llaw. Ni chofiaf gôt ganddi erioed . . . Credaf mai hen wraig ddistaw ydoedd – felly y byddai gyda ni'r plant. Byddai'n ein gwarchod pan ddigwyddai mam fynd i rywle. Ar adegau felly adroddai hen hanesion inni, hen

Yn niwedd y bedwaredd ganrif ar bymtheg – cyn 'pensiwn Lloyd George' fel y'i gelwid – gallai fod yn fain iawn ar weddwon fel hi. Mynd ar ofyn y plwy am gardod oedd yr unig ddewis arall ac roedd i hynny ei fawr gywilydd. Fel y digwyddodd pethau, daeth ei nain i oed pensiwn yn 1909, yr union wythnos y daeth y pensiwn i fod. A ran rhai fel hi, mewn cân o fawl i Lloyd George, tua 1910, nyddodd Deiniol Fychan y pennill a ganlyn:

Mae'r hen sydd yn y gornel,
Rôl bod am gyfnod maith
Yn brwydro'n erbyn tlodi,
Fel tystiai llawer craith;
Mae yntau heddiw'n canu
Wrth danllwyth mawr o dân
Yn diolch am ei bensiwn
A dyma yw ei gân:

'Mae George yn ffrynd i mi' oedd y cytgan. Fe'i cenid ar yr alaw 'Gwnewch bopeth yn Gymraeg'.

Jane Evans, 1831-1916, yn gwisgo côt! I bwrpas tynnu'r llun, o bosibl.

hanes bwganod yr ardal, hanes rhai'n medru witsio yn y gymdogaeth gynt, ac ambell dro canai hen emynau inni. Trwy'r cwbl cadwai ni'n ddistaw a llonydd am oriau. Cysgai bob amser yn ymyl y ffenestr yn y siambar bach a bwytâi ar y bwrdd bach bob pryd. Cofiaf fel y torrai mam frechdan denau iddi a'r rhai a gaem ni mor wahanol iddynt . . . Cofiaf mai at nain y deuai pawb am eli ar ôl llosgi. Ni chaem ni'r plant ei gweld wrth y gwaith hwn o wneud yr eli un amser. Dywedir ei fod yn ddiguro i fendio briw ar ôl llosgi.'

Er i mi gael fy magu yn y plwy, chlywais i erioed sôn am yr 'eli ar ôl llosgi'. Erbyn meddwl, byddai'r cymysgu arno'n digwydd dros y ffordd, mwy neu lai, i'n teulu ni yng Nghrowrach Uchaf. Wrth ymchwilio, unwaith, i hanes Meddygon y Ddafad Wyllt, fel rhan o ddiwylliant traddodiadol Penrhyn Llŷn, sylweddolais fod gan sawl ardal ei harbenigaeth ei hun cyn belled ag roedd hen feddyginiaethau yn y cwestiwn. Os mai Penycaerau oedd cartref eli'r ddafad wyllt, ac mai yno y ceid y meddyg a'i cymysgai, hwyrach mai Bwlchtocyn oedd cartref yr 'eli ar ôl llosgi'. Ym mhob achos, cymysgid yr elïoedd yn y dirgel. Roedd hynny, wrth gwrs, i gadw'r gyfrinach yn gyfrinach ac i gadw'r dirgelwch i gerdded. O'r herwydd, ni fyddai plant Crowrach Isaf, chwaith, yn cael gweld Mam Non yn paratoi'r ennaint.

15

Fe'i ganed yn 1831 a hyd y gwyddai ei hŵyr fu hi erioed mewn ysgol. Meddai amdani, 'Welais i mohoni erioed yn ysgrifennu – nis gwn a allai ai peidio – ond darllenai'r Beibl bob dydd, anaml iawn y darllenai ddim arall.' A dyma gofio am fy hen hen daid oedd o'r un fro – William Griffith, Cilan Fawr – a dau arall yn sefydlu ysgol Sul yng Nghilan. A mynd ati, wedyn, i hel dimeiau prin i brynu llyfrau, a gynhwysai'r Wyddor Gymraeg, er mwyn i hen ac ifanc gael crap ar ddarllen. Mae'n gwbl bosibl, felly, mai etifedd y traddodiad hwnnw oedd Mam Non a'i gallu i ddarllen, o'r herwydd, yn gryfach na'i gallu i ysgrifennu.

Pan oedd Dafydd yn blentyn, chwaer ieuengaf fy nhaid, Mary, oedd yn byw yng Nghrowrach Uchaf a'i gŵr John Hughes; yn ogystal â merch hynaf y teulu, Gaynor, oedd wedi cael aros yno, ac yn anabl. Clywais am ei chloffni, sawl tro, ond wyddwn i ddim mwy na hynny amdani nes darllen y portread sensitif ohoni sydd yn 'Brithgofion':

'Gaynor yn gripil erioed; ni fedrai gerdded heb afael mewn rhywbeth neu efo baglau. Âi i'r capel yn yr haf ar Suliau braf. Cychwyn yn gynnar iawn, iawn. Cawn innau fynd yn gwmni iddi ac agor a chau pob adwy os yn bosibl, er osgoi'r camfeydd. Roedd nifer dda o'r rheini. Câi hi de yn Tŷ Capel, ac i ddod adref gafaelai John a Meri un ymhob braich iddi i'w helpu. Cawn innau gario'r baglau,

*R*oedd wyres i William Griffith, Cilan Fawr – un o'r rhai a fu'n hel y dimeiau – a chwaer hynaf fy mam yn fardd gwlad. Ymddangosai enw 'Mary Griffith, Tyddyntalgoch' yn y wasg Gymraeg gyda chysondeb. Yn rhifyn Mehefin 1928 *Dysgedydd y Plant* cyhoeddodd gerdd, 'Hyd Oror Cilan' yn dathlu'i hetifeddiaeth.

Fe welwn Bethlem, Cilan,
Ar gopa'r llwyn gerllaw,
Ac o'r fath lu atgofion cu,
Am rywrai imi ddaw;
Meddyliwn am y rheiny,
O'r Crowrach ddeuai gynt,
Yn wyth neu naw
Trwy'r hin a'r glaw,
Yn ddifyr iawn eu hynt.

a hyd heddiw ystyriaf imi gael braint fawr o gael ei helpu. Ces hefyd fod yn gwmni iddi ugeiniau o weithiau ar nos Suliau a nosweithiau eraill, pan âi John a Meri i rywle. Ar nos Suliau darllenem y Beibl bob yn ail adnod – penodau lawer o'r Testament Newydd neu o'r Salmau. Roedd ganddi Destament Newydd a'r Salmau yn un, ac yn un bras iawn. Gallai ddarllen Cymraeg yn dda er na fu awr mewn ysgol erioed. Ei thad wedi ei dysgu adref. Ond ar noson heblaw nos Sul cawn weld llyfrau eraill; llyfrau misol, hen rai. Mi gofiaf 'Y Cyfaill' un o fisolion Cymry America a anfonai ei brawd yno. Byddai hithau yn gwau hosannau bron yn ddibaid ond ar y Sul. Byddai'r ci yn y tŷ fel rheol yn gwmni inni. Madog oedd ei enw. Claddwyd [hi] heb yn wybod i mi. Credaf mai yn Betws Bach yr oeddwn yn gweini ar y pryd; ni anfonodd neb air imi am ei marw neu buaswn yn siwr o drio bod yn yr angladd; roeddem yn ffrindiau mawr iawn.'

Yn nes ymlaen, ac enwadaeth yn dal yn gyfystyr ag anffaeledigaeth, penderfynodd Mam Non newid ei chwch enwadol – peth gweddol anghyffredin bryd hynny. Roedd hi'n ddyddiau'r goganau enwadol: 'Methodistiaid creulon cas' a 'Batus y dŵr yn meddwl yn siŵr' a'u tebyg. Roedd ganddi hi resymau dilys dros newid cwch a digon o ffydd i ddal i hwylio i'r un cyfeiriad:

'Roedd yn aelod selog yng Nghilan [gyda'r Methodistiaid Calfinaidd]; âi yno ddwy waith bob Sul a phob noson Seiat os yn dywydd rhesymol. Ond cyn i mi orffen yn yr ysgol digwyddodd rhywbeth yn ei hanes – aeth yn gloff ac i fethu cerdded heb ffon. Methai â mynd i'r capel gan fod y ffordd yn bell ac yn anodd. Dechreuodd fynd i Fwlchtocyn [achos yr Annibynwyr] er nad, mi goeliaf, o'i bodd. A gwaith anodd fu cael ganddi fynd â'i Phapur Aelodaeth yno. Ond yno yr aeth a bu'n ffyddlon yno i'r diwedd, bore a nos Sul yn yr haf, a bob bore drwy'r flwyddyn os na fyddai'n dywydd mawr iawn.

Er iddo, yn ôl ei gofnod ei hun, gael ei eni a'i fagu ym Mwlchtocyn, gyda Chilan a'i gapel roedd cysylltiadau diwylliannol a chrefyddol Crowrach Isaf – yno yr âi'r teulu ar y Suliau, yn union fel fy nheulu innau a drigai yng Nghrowrach Uchaf. Serch i mi, yn blentyn, dreulio sawl gwyliau ym Mwlchtocyn, ar aelwyd modryb imi, wnes i erioed adnabod yr union ffin ymhle mae Bwlchtocyn yn diflannu a'r Cilan gwirioneddol yn ymddangos. Hwyrach mai gwahaniaeth yn safiad y ddwy ardal sy'n creu'r ffin. Edrych i lawr mae Bwlchtocyn ar bentref gwyliau Aber-soch a'i wedd drofannol; o ben Mynydd Cilan mae dyn yn edrych allan i'r môr a'r 'hen derfyn nad yw'n darfod'.

*M*ae golygfa dda o eithaf y penrhyn ac Enlli oddi ar y gwastadedd uchel wrth ddod yn ôl oddi wrth gapel Bwlchtocyn, ond nid yw gystal o dipyn â'r olygfa o ben Mynydd Cilan . . . Ardal braf i grwydro ynddi a lle ardderchog i gael haul a gwynt a heli môr cyn mentro ar y gwastadeddau carafanog. Mae tebygrwydd mawr rhwng llawer iawn o'r ardal yn ei moelni di-gysgod a rhannau o orllewin Iwerddon. Mannau prin lle mae ffwdan a phrysurdeb wedi gadael rhyw ychydig o weddill o segurdod a hamdden. Efallai eu bod felly am nad oes dichon mynd drwodd i unman ond i'r môr, a bod yn rhaid troi yn ôl.
Gruffudd Parry,
Crwydro Llŷn ac Eifionydd.

Cilan, 'ardal braf i grwydro ynddi', gydag Enlli yn y pellter.

'STRANGE DISAPPEARANCE'

Profodd ei nain, Mam Non, brofedigaeth gyda'r fwyaf chwerw'n bod a digwyddodd hynny ar Sadwrn y Pasg 1899. Oherwydd enbydrwydd y digwyddiad aeth yr hanes ar led. 'Strange Disappearance' oedd pennawd y *Carnarvon and Denbigh Herald*, 7 Ebrill 1899, a'r hanes yn cael ei adrodd yn gryno:

> On Saturday, Ellen Evans, Crowrach, went to Tyddyn-talgoch, and started home about six o'clock in the evening through a thick fog. It is feared she lost her way, and has met with a fatal accident, for she has not been heard of since, though the neighbourhood has been thoroughly searched. It appears she was subject to fits, and it is feared she might have fallen into the sea.

Ymddangosodd yr un stori yn *Yr Herald Cymraeg* bedwar diwrnod yn ddiweddarach gyda rhai manylion ychwanegol:

> Yr oedd Miss Ellen Evans, Crowrach, yn gosod tatws yn Tyddyntalgoch . . . Yn hwyr, aeth ei mam i chwilio amdani i dŷ ei chwaer, ond nid oedd yno nac yn y lle plannu tatws, a buwyd dan dri o'r gloch y boreu yn chwilio gyda llusernau, ond yn aflwyddiannus. Gwelwyd tatws oedd ganddi yn myned adref yng nghreigiau y môr, ond ni welwyd hi . . .

Merch arall i Mam Non a'i gŵr, David Evans, oedd yr Ellen honno. Rhannai'r aelwyd yng Nghrowrach Isaf gyda gweddill y teulu. Chwech oed oedd Dafydd ar y pryd a'i fodryb, a ddiflannodd, yn 27. Er na fedrai ei chofio'n glir arhosodd y drasiedi'n fyw iawn yn ei gof. Cofnododd yntau'r hanes trist yn graffig a theimladwy dros ben tra'n ysgrifennu'r 'Brithgofion' 30 mlynedd yn ddiweddarach:

'Cofiaf y nos Sadwrn honno hyd heddiw – Sadwrn cyn y Pasg 1899. Hithau wedi mynd i osod tatws i Tyddyn Talgoch Jams Hughes yr adeg honno. Daeth yn niwl trwchus gyda'r nos. Disgwyliai Nain a Mam yn bryderus arni adref ond trwy fod modryb Mary yn byw yn Teras pasiwyd ei bod wedi troi yno ac ymdroi. O'r diwedd awd i'r Teras i chwilio amdani, ond er dychryn iddynt ni fu'n agos yno. Yna am Dyddyn Talgoch ond roedd wedi cychwyn adref oddi yno ers oriau, yn ei hwyliau gorau gan gario cardod o datws cynnar yn ei bag. Cododd y cymdogion a'r ardal bron i gyd i chwilio amdani – llawer yn cario lampau. Cofiaf edrych allan o ddrws y tŷ efo mam a gweld y goleuadau hyd gaeau'r Cim a'r Pant a chlywed rhai'n gweiddi 'Ellen' dros y lle. Bu rhai'n chwilio trwy'r nos a llawer y Sul. Aeth rhywrai ar ôl te ddydd Sul i lawr llwybrau defaid hyd drwyn Porthceiriad. Gwelsant yno ôl ei chlocsiau a hefyd rai o'r tatws wedi colli yn ymyl y môr. Mae yn ddiamau iddi syrthio trosodd a boddi. Welodd neb mohoni byth na sôn am ei chorff. Bu bleinds Crowrach, meddir, i lawr am dair wythnos gan ddisgwyl i rywun ddarganfod ei chorff. Collwyd hi'n ferch ieuanc mewn modd difrifol iawn – collodd ei ffordd rhywsut, ŵyr neb yn iawn beth ddigwyddodd iddi. Efallai iddi gael ffit a gorwedd i lawr ac wedi codi methu cael allan yn iawn lle'r oedd. Roedd y Sul Pasg hwnnw yn un i'w gofio gan ardalwyr Bwlchtocyn ond ychydig sydd yno erbyn hyn yn cofio dim amdano na gwybod dim am y trychineb.'

Yn gynharach yn y gyfrol, daeth â'i bortread o'i nain i ben ar nodyn dyrchafol. Wedi darllen ei eiriau, sawl gwaith, caf yr argraff ei bod hi'n deyrnged ddidwyll i'r nain honno a'i hanner magodd:

'Roedd yn gymeriad unplyg, gonest a diwenwyn iawn. Chlywais i mohoni erioed yn rhedeg neb i lawr a chadwodd ni'r plant rhag mynd yn hyf arni erioed – yn wahanol i bob nain. Ni churodd ni erioed ychwaith. Gwnaem bob peth a ofynnai inni ac yr oeddym yn

*Y*n ôl y diweddar Arfon Huws – pensaer wrth ei alwedigaeth, bardd a hanesydd lleol – a fu'n ymchwilio i hanes y mwyngloddio, bu'r diwydiant yn yr ardal o adeg y Rhufeiniaid, a cheir hanes gweithwyr yn yr ardal yn 1679. Daeth mewnfudwyr o bell ac agos i weithio yn y mwynfeydd; Saeson yn bennaf, ac o Gernyw yn benodol lle ceid yr un math o fwyngloddio. Adeiladwyd rhes o dai a'i galw'n Cornish Row a chaed capel a math o ysgol ddyddiol ar gyfer yr ymfudwyr a'u teuluoedd. Mae'n ddiamau mai Cernyweg oedd iaith gyntaf rhai o'r ymfudwyr cynnar. Bu fy nhaid a'i ddau frawd yn fwynwyr ond heb oedi yno yn ddigon hir, mae'n debyg, i ddal 'salwch y gwaith'.

gyfeillion mawr bob amser, ac fel yr heneiddiem cynyddai ein cariad a'n parch tuag ati. Cynghorai ni i fyw yn dda a gweddïai lawer trosom. Bu'n weddw am tua deng mlynedd ar hugain a chwrddodd â rhai profedigaethau chwerwon, ond daliodd ei ffydd yn Nuw i'r diwedd.'

SALWCH Y GWAITH

Wyth brawddeg yn unig sydd ganddo am ei daid. Bu David Evans, un o 'ben pellaf Cilan', farw yn 1885 – saith mlynedd felly cyn ei eni. Mae'n debygol mai i gadw'r cof amdano'n fyw, ac i gysuro'r weddw, y bedyddiwyd yntau, y cyntaf-anedig, â'r un enw â'i daid. Fe'i disgrifia fel 'tyddynwr a mwynwr' gan nodi mai ei afiechyd terfynol oedd 'salwch y gwaith'. 'Pan oeddwn blentyn,' meddai, 'os byddai farw dyn dipyn oed [57 oedd oedran ei daid], dywedid iddo farw o salwch y gwaith.'

Ar y pryd, roedd y fro'n frith o fwynfeydd plwm – cynifer ag wyth i gyd – yn ymestyn yn gadwyn hir ar draws y penrhyn. Roedd yr amodau gweithio'n enbyd: y siafft yn gyfyng, yr awyrgylch yn llaith ac anadlu'r llwch afiach yn anorfod. Yn ogystal, golygai ddringo ysgol serth, 60 troedfedd neu well, ar derfyn shifft o wyth i ddeg awr. A chanlyniad i hyn i gyd, mae'n ddiamau, oedd 'salwch y gwaith'. Erbyn 1885, blwyddyn marw ei daid, roedd y mwynfeydd yn dechrau colli tir, ond y rhai a ddaliai'r 'salwch', mae'n amlwg, yn dal i ddihoeni.

ELISA A SIÔN GARN

Cymharol ychydig a ysgrifennodd am ei fam er bod ei henw'n ymddangos yn aml wrth iddo gofnodi hanes ei blentyndod. Yn amlach na pheidio arddull dyddiadur sydd i'r 'Brithgofion' – er nad dyddiadur mohono – ac o'r herwydd mae'r wybodaeth yn aml yn bytiog; yn nodi'n eithriadol o ddiddorol ond heb fanylu. Er enghraifft, er crybwyll i'w fam, yn ferch ifanc, dreulio 'cyfnod byr' ym Mhenbedw nid yw'n dweud pam yr aeth hi cyn belled na pha mor fuan y dychwelodd.

Fel 'Elisa' y cyfeiria ati ond 'Elizabeth' sydd ar ei charreg fedd ym mynwent Capel y Bwlch ym mhlwy Llanengan. Bu hi farw yn 1946. Gan mai hi oedd yr hynaf o bedwar o blant – dwy chwaer a dau frawd – trefnwyd iddi adael yr ysgol yn 13 oed. Gweini ar ffermydd y bu hi wedyn – ar wahân i gyfnod byr ym Mhenbedw, 'lle y dysgodd rhywfaint o Saesneg'. A phriodi gwas ffarm fu'i hanes; y hi yn 27 a'r priodfab yn 21. Un o ardal Garnfadrun oedd John, y gŵr, ac fel 'Siôn Garn' y byddai'n cael ei adnabod wedi iddo symud i ardal Bwlchtocyn.

Ysgrifennodd yn helaethach, a diddorol iawn, am ei dad ac am ei daid:

'Sion y Garn', John Owen Jones (1871-1945), a'i briod, Elizabeth, 'Elisa' (1864-1946), gyda'u hwyres, Hefina.

22

'Un o Lanbedrog ydoedd [ei daid o ochr ei dad] ac adwaenid ef fel 'Siôn Lludw'. Gan iddo mi gredaf gael ei fagu mewn tŷ o'r enw Lludw, a safai yn rhywle tua'r hen felin wynt, sef dipyn tu ôl i Westy'r Llong . . . Gweithio hyd ffermydd y byddai fy nhaid y rhan fwyaf o'i amser. Clywais iddo am flynyddoedd fod yn canlyn Injan Ddyrnu i Owen Griffith, Deucoch. Ychydig o ddyrnwrs a fyddai'r adeg honno a byddai taid yn dyrnu yn niwedd y flwyddyn ar dywydd da bron ddydd a nos am wythnosau, yn aml iawn o blygain bore Llun hyd nos Sadwrn heb dynnu amdano na gweld gwely ond cysgu mewn gwellt neu wair yn y lle y dyrnai. Dyrnu ar leuad hyd oriau mân y bore a symud wedyn ac eisiau codi stem i ddechrau yn fore fore trannoeth. Pwy wnâi hyn heddiw? Pan yn canlyn y dyrnwr arferai yn yr haf fynd i'r 'Cynhaeaf' o tua Gŵyl Ifan hyd ŵyl Grog.'

Mae'n fwy na thebyg, fodd bynnag, mai arfer ei daid fyddai llafurio ar rai o ffermydd mawr Llŷn dros hyd y ddau gynhaeaf. Bu farw'r taid hwnnw, John Jones, a aned yn 1841, yn ŵr canol oed, a pha ryfedd hynny o gofio'i galedwaith. Dim ond saith oed oedd Dafydd ar y pryd a chofiai weld ei dad 'yn cychwyn i'r angladd, cerdded o Growrach am Laniestyn'. Rhwng y llinellau, fel petai, mae'n crybwyll enw'i nain o ochr ei dad, Jane, a'r caledwaith a wynebodd hithau, 'Magwyd hi yn yr Aifft [ym Mynytho], lle sy'n furddun erbyn hyn. Tyddyn i gadw buwch, ac Owen ei thad a draforiodd y rhan fwyaf ar y lle bach – y fo a gaeodd y cloddiau a'i briod yn cario llawer o'r cerrig iddo yn ei ffedog wrth olau lleuad.'

Serch bod Crowrach Isaf yn dyddyn naw acer – a'r merched, yn bennaf, a ofalai am hwnnw – gweithio ar y tir fu tynged ei dad hefyd:

'Bu nhad am flynyddoedd yn Brynhunog ger Pwllheli. Câi gyflog mawr o gyflog yr adeg honno – tua £20 y tymor neu yn agos i hynny. Ni châi ef na neb arall fwy na £13 neu £14 beth bynnag yn ardaloedd Llanengan – tua deg swllt yr wythnos neu swllt ac wyth geiniog y dydd a'u bwyd a gweithio'r Sul am ddim. Bob mis y deuai fy nhad adref o Frynhunog ac yn aml iawn ar gefn merlen, bron bob tro yn yr haf. Dod nos Sadwrn ac yn ôl nos Sul. Gyrrai mam ei grysau iddo unwaith y mis i'w newid, efo cariwr – car a cheffyl yr adeg honno. Rhoddid pwt o lythyr yn y 'pac' a chaem ninnau'r plant roi pwt i mewn. Hefyd rhoddid tamaid o gacen neu rywbeth i mewn. Deuai pac y dillad budron yn ôl yr wythnos ddilynol a gair o lythyr yn diolch am y gacen a phob peth. Rwyf fel pe'n ei weld yn awr yn dod ar gefn y ferlen, weithiau un fach iawn, dro arall un gryfach, siarpach o lawer.'

Ar gyfnod, roedd hi'n arfer gan bladurwyr o Lŷn, o ddiwedd Mehefin hyd ddiwedd Medi, fynd i'r 'Cynhaeaf' i lafurio mewn rhannau eraill o Gymru neu hyd yn oed dros y ffin i Loegr. Pladur oedd erfyn gyda choes bren, dau ddwrn i bladurwr gydio ynddynt a llafn haearn gydag ychydig o dro ynddo, a ddefnyddid i dorri tyfiannau. Wrth gyflogi gweision, roedd medru pladuro yn gymhwyster arbennig ac yn un y gofynnid amdano. Bu'n rhaid i Dafydd Crowrach, yn hogyn, raddio'n fuan o fod yn grymanwr i fod yn bladurwr. Fel fy nhad, byddai'n gynefin iawn â'r grefft. Gan fod peiriannau torri gwair ac ŷd wedi cyrraedd roedd torri caeau cyfan – cymaint ag acer y dydd – wedi hen fynd heibio. Eto, roedd angen pladuro rownd y dalar i wneud lle i'r peiriannau droi, a thorri cnwd a fyddai wedi gorwedd gyda'r tywydd. Hogi'r llafn yn gyson oedd y gyfrinach.

Pladurwyr Llŷn a'u pladuriau. Daeth y galen, y garreg hogi, i ddisodli'r stric, y grutbren, a ddefnyddid unwaith i roi min ar y llafn.

O feddwl mai cwta hanner awr o yrru cymedrol gyda char sydd yna, erbyn heddiw, o ffarm Brynhunog, ar gyrion Pwllheli, i Growrach, anodd credu mai 'bob mis' y deuai adref. Ac mor fyr fyddai ei arhosiad, 'dod nos Sadwrn ac yn ôl nos Sul'. O beth i beth symudodd i weini yn nes i'w gynefin. Wedi cyrraedd i'r Fach deuai 'adref bob nos Fercher a Sadwrn a Sul, hefyd, ar ôl cinio yn y gaeaf'. Golygai hynny gryn gerdded, 'gwaith tuag awr o gerdded [dwyawr yn ôl a blaen] drwy'r Morfa pan oedd yn ddigon golau – a mwy o dipyn rownd y lôn'. Yn nes ymlaen, cyflogodd mewn dwy neu dair o ffermydd oedd o fewn

tafliad carreg i Growrach a chael cysgu'r nos ar ei aelwyd ei hun. Roedd i hynny, yn ôl yr awdur, ei fanteision a'i anfanteision. Un anfantais o fod gartref oedd bod y tyddyn yn galw am ei sylw.

'Dyn prysur iawn erstalwm; gweithio ar y tyddyn gartref gyda'r nos – dim sôn yr adeg honno am bnawn Sadwrn na dim. Ychydig oriau o ŵyl pnawn Nadolig a Llun Pasg. Ymolchi bob nos, cwpanad o de, cadw dyletswydd ac i'w wely erbyn deg union. [Ond i dyddynwr roedd yna fanteision yn ogystal.] Dôi nhad â cheffyl gwedd adref pen tymor weithiau i weithio am ddyddiau, i fraenaru tyndir a

Eto gyda Hefina. Y fechan, mae'n amlwg, â chryn ddiddordeb yn y ci – neu ei bod hi fymryn o'i ofn!

25

theilo; cael benthyg trol a gwŷdd yn Pant neu Brynrefail. Roedd yn dda cael sbario talu am hynny.'

Y DIWYGIAD A'I DDYLANWAD

Penteulu ifanc oedd John Jones, neu Siôn Garn, pan ddaeth peth o dân Diwygiad 1904-05 i Lŷn. Aeth yn fis Rhagfyr 1905 – a'r gwres, erbyn hynny, yn is nag y bu – cyn i'r Diwygiwr, Evan Roberts, fedru cyrraedd yno. Wythnos yn unig fu hyd ei ymweliad.

Yng Nghapel y Bwlch, Llanengan, nos Sadwrn 9 Rhagfyr 1905, y cynhaliwyd yr olaf o gyfarfodydd y diwygiad ym Mhen Llŷn, a'r adeilad eang, yn ôl *Yr Herald Cymraeg*, yn llawn cyn pryd. Wn i ddim oedd teulu Crowrach yno ai peidio – eto synnwn i ddim – ond o leiaf mae'r mab wedi cofnodi ymateb ei dad i'r hyn oedd yn digwydd:

'Cofiaf yn dda amser Diwygiad 1904-05; gweithiai ar y pryd yn Tanbryn. Deuai i'r moddion ar ei union yn ei riciog [trowsus cordirói, yn iaith heddiw] ymolchai yn bwcad stabal; âi â llian sychu a sebon yno; crysbas brethyn crafat a thop côt. Byddai dipyn yn hwyr arno yn cyrraedd bob nos – ni châi noswyl efo'r ceffylau tan wyth ond bod clociau'r ffermwyr awr ymlaen bob amser. Cynhelid y cyfarfodydd gweddi bob yn ail noson yng Nghilan a

*N*euadd y Dref ym Mhwllheli oedd y pencadlys – lle bûm i'n gwylio *Casablanca* a *All About Eve* mewn blynyddoedd diweddarach – a honno, oedd yn dal 2,200, yn orlawn i bob oedfa. Roedd mynediad i gyfarfodydd lle'r oedd Evan Roberts yn bresennol drwy docyn yn unig: un tocyn i bob 'aelod' o gapel a thri thocyn i rai a ystyrid yn 'wrandawyr' yn unig, neu'n 'esgeuluswyr'. Penderfynwyd rhannu 1,600 o docynnau ar gyfer pob cyfarfod. Roedd hynny'n gadael 600 o seddau ar gyfer pobl oedd heb docynnau. Oherwydd oriau gwaith hir a hithau'n gefn gaeaf go brin felly i deulu Crowrach Isaf fynd i'r oedfaon min nos. Er y byddai gan y teulu, dybiwn i, wir ddiddordeb yn yr hyn oedd yn digwydd.

Bwlchtocyn am wythnosau a byddai'r capeli'n llawnion. Edrychai fy nhad ar y cloc a phan yn tynnu am hanner awr wedi wyth byddai rhaid inni fynd. Parhâi'r cyfarfodydd yn hir iawn wedyn ond dyna oedd yn rhyfedd i mi, er yr arferai weddïo'n gyhoeddus ni welais ef yn gwneud o gwbl yn y cyfnod hwnnw.'

Hyd y gwela' i, gadael i'r llanw lifo drosto wnaeth John Jones. Dal ati gyda'i ffyddlondeb arferol yn hytrach na dawnsio i frwdfrydedd y foment a chilio'n fuan wedyn. Dyma farn ei fab amdano:

'Roedd 'nhad bob amser yn ffyddlon i'r capel lle bynnag y byddai. Dechreuodd weddïo'n gyhoeddus yn ifanc iawn. Welais i erioed ef heb fod wrthi. Gwnâi gartref hefyd bob amser pan oedd ar gael ac yr oedd yn berchen dawn gweddi ac yn ddarllenwr Beibl da iawn. Ni ddarllennodd lawer iawn o ddim byd arall – tipyn ar yr *Herald* ac Esboniad ar y Maes Llafur.'

Tua diwedd y Rhyfel Byd Cyntaf – a gwahaniaeth dosbarth yn dal yn amlwg mewn capel ac eglwys – dewiswyd Siôn Garn, y tyddynwr a'r gwas ffarm, yn flaenor yng Nghilan a bu wrth y gwaith hwnnw hyd ei farw yn 1945. Mewn dyddiau pan oedd blaenoriaid yn ddwsin am ddimai roedd hynny naill ai'n dweud yn dda am ryddfrydiaeth yr eglwys honno neu am gryfder cymeriad John Jones – y ddau, mae'n fwy na thebyg.

Gyda'i ddiddordeb byw yn hanes ei deulu, mae gan un o orwyrion John Jones – Elwyn Thomas, Morfa Nefyn – atgofion gwerthfawr am yr hyn a glywodd am ei hynafiaid. O gofio'r cyfnod, a'r aelwyd lle'r oedd gweddïo rheolaidd, roedd hi'n syn clywed y byddai yno, yn ogystal, gryn chwarae cardiau. Ar dro, deuai cymdogion yno i ymuno yn y rhialtwch a difyrru'r amser. At ei gilydd, doedd hi ddim yn oes chwarae cardiau, yn enwedig felly a dylanwad Diwygiad 1904-05 heb lwyr golli'i rym. O ochr ei hen nain, Elisa Jones, meddai Elwyn, y deuai'r diddordeb yn y cardiau. Wn i ddim a fyddai Mam Non, yn ei du cyson, yn cael ambell i gêm ai peidio. Yn ôl Elwyn, goddef y gwag chwarae y byddai'i hen daid, Siôn y Garn; codi'i ben, yna mynd yn ôl i ddarllen mwy ar yr Esboniad ar y Maes Llafur. Prun bynnag, fe dreiddiodd y diddordeb i'r gen-hedlaeth nesaf. Eto, difyrrwch ar yr aelwyd fu hi bob amser, ac ym mhob cenhedlaeth, yn fwy na mynychu gornestau a dim sôn am unrhyw arian yn newid dwylo.

John Jones, 'Johnie Crowrach', a'r wên honno y soniodd cymaint o'r teulu amdani. Ei nai, Glyn, o Gaernarfon, yn mwynhau'r hwyl.

Am y nofel a ymddangosai'n wythnosol yn *Yr Herald Cymraeg*, byddai 'Johnie Crowrach' – y mab arall a'r digrifwr – yn darllen honno'n uchel i'r teulu gan ddynwared y gwahanol gymeriadau. Unwaith eto, gwrando o bell y byddai'i dad a mwmian ambell i 'twt, twt'. I'r gweddill, fodd bynnag, byddai clywed darllen y troed-nod, 'i'w barhau', yn achos gofid; byddai rhaid aros wythnos gyfan i gael clywed rhagor o'r stori.

YSGOL SARN-BACH

Yn nechrau Medi 1905, bythefnos wedi i'r ysgol ailagor wedi gwyliau'r haf, bu'n rhaid i Dafydd godi'i bac a chefnu ar yr ysgol – nid o ddewis nac o'i fodd. Meddai am yr ysgol honno, Ysgol Sarn-bach, yn niwedd oes Fictoria:

'Fel pob ysgol arall y pryd hynny Saesneg oedd yr iaith a ninnau druain bach yn medru'r un gair. Ni welais yr un llyfr Cymraeg yno dim ond llyfrau o Gymraeg a Saesneg – Cymraeg un ochr a Saesneg yr ochr arall. Cosbid ni am siarad Cymraeg â'n gilydd – yr unig siarad a fedrem. Gweddïem Weddi'r Arglwydd yn Saesneg bob dydd a chanem *Praise God from whom all blessings flow*. Nid oedd Beibl [Cymraeg] yno o gwbl.'

Seisnigrwydd yr ysgol oedd un peth oedd wedi'i serio ar gof fy mam hefyd. Yn ei hachos hi, teimlwn bob amser fod ei Saesneg ysgrifenedig yn well na'r Gymraeg. Pan âi ati i ysgrifennu'r 'list negas' ar gyfer Capten Williams, Talafon Stôrs, Abersoch, a alwai heibio'n wythnosol, math o Saesneg fyddai'r iaith. Eto, Cymro o Lanberis oedd y Prifathro, R. O. Hughes – 'Huws Llwyn Onn' – yn weithgar yn y gymdeithas a'i briod, wir, yn un o'r plwy. Roedd yntau, mae'n debyg, yn gaeth i gonfensiynau'r dydd fel y rhan fwyaf o addysgwyr y cyfnod. Ond yn ôl at yr orfodaeth a fu ar Dafydd i adael yr ysgol ac yntau newydd ddathlu'i ben-blwydd yn 13 oed:

'Arferem yn Crowrach y pryd hynny roddi clwt o datws a chlwt o ŷd, haidd fynychaf, ac eid ag ef i'w ddyrnu i rywle o gwmpas, weithiau i'r Pant, Crowrach Uchaf, ond Corn fynychaf. I'r Corn yr aeth yn 1905, rhywbryd ym mis Medi. Rhyw bythefnos wedi i'r ysgol agor ar ôl Gwyliau'r Haf, a finnau wedi cael fy symud i'r Seithfed Dosbarth, gyrrwyd fi i'r Corn fel dyn i ddyrnu yn lle 'nhad rhag iddo golli [ei ddiwrnod gwaith]. Credaf mai ym Mhenrhyn Mawr yr oedd ar y pryd. Rhowd fi ar ben y das ŷd efo rhywun, ni chofiaf pwy; yno trwy'r bora. Cael cinio efo'r criw ond yn fuan ar ôl cinio daeth John Sarn Bach [disgybl-athro] yno i'm nôl i'r ysgol. Ymosododd ar Cadwaladr Williams y ffarmwr i ddechrau ond eglurodd hwnnw iddo mai yno yr oeddwn dros fy nhad. Daeth ataf finnau a dywedais yr un modd wrtho. Wedyn aeth i weld mam. Dywedodd hithau wrtho y bwriadai fy nghadw adref lot i'w helpu i dynnu tatws. Eglurodd John iddi, os mynd i'r ysgol mynd yn rheolaidd neu aros adref yn gyfangwbl gan fy mod yn 13 oed ac wedi pasio yn o dda.'

Mab i siop yn y pentref oedd 'John Sarn Bach' neu John Thomas. Fel disgybl-athro fe'i hanfonwyd gan y Prifathro, mae'n debyg, i gyrchu'r afradlon yn ôl at ei wersi. Mewn darlith a gyhoeddwyd yn 1983, *Puryd a Mân Us,* mae ei ferch, Megan Roberts, yn egluro fel y bu i afiechyd ei atal i fynd ymlaen ym myd addysg, 'Ar ôl gwella, aeth y nesaf peth at athro am wn i, dyn hel plant i'r ysgol, un go beryglus yn ôl pob hanes.' Efallai i'r trip hwnnw i'r Corn, ar awr ginio, ym Medi 1905, roi archwaeth iddo at y gwaith. Er mai fo a gludodd y rhybuddion iddo, gair da sydd gan Dafydd, Crowrach Isaf, amdano, 'Dyn cymwynasgar, gwrol a phenderfynol iawn; gwnâi ei orau dros y gwan a'r tlawd.'

2 Dechrau gweini

Yn debyg i bentrefwyr Stoke Podges, yng ngalargan Thomas Gray, fel un na chafodd ei gyfle mae'n rhaid meddwl am Dafydd, Crowrach Isaf. Er mai anodd ryfeddol ydi credu hynny o ddarllen yr hyn a ysgrifennodd. Wrth bori yn y 'Brithgofion' mae hi'r un mor anodd derbyn mai drwy gyfrwng y Saesneg y cafodd ei addysg. Y filltir sgwâr o'i gwmpas ym Mwlchtocyn a Chilan, y cartref a'i magodd, a'r ysgol Sul yn fwy na dim arall, a roddodd iddo ei ddiwylliant a'i afael gadarn ar yr iaith Gymraeg. Ysgrifennodd yn deimladwy ryfeddol am yr orfodaeth a fu arno yn 13 oed i adael yr ysgol a hynny'n groes i'r graen, ac yn groes mae'n ddiamau i deimladau'r rhan fwyaf o hogiau'r cyfnod a fyddai'n dyheu am adael a dechrau gweithio:

'Ac adref y bûm ar ôl hynny a bron torri fy nghalon o hiraeth am yr ysgol. Clywn y gloch ambell waith a chriwn innau'n ddistaw os [byddwn] ar ben fy hun . . . Bûm adref wedi dod o'r ysgol fis Medi, 1905 hyd Fai, 1906; adref yn gweithio drwy'r gaeaf, hel eithin oedd fy mhrif waith . . . Cofiaf hyd byth y gaeaf hwnnw. Jane a Johnie yn yr ysgol. Cawn innau frecwast efo nhw; wedyn carthu'r beudy ac am [yr] eithin; torri dau swp neu faich i mi bob dydd. Wedi dod â'r swp cyntaf adref galwai mam fi i nôl cwpanaid o goco fel rheol. Yfai hi a nain eu coco ar y bwrdd crwn ger y tân a finnau ar ben y bwrdd mawr, a chlyff o grystyn i mi bob dydd. Dyna'r pryd yr edrychwn ymlaen fwyaf ato a chofiaf hyd heddiw mor dda ydoedd, er bod dros 42 o flynyddoedd er hynny. Tymor digalon rhywsut i mi oedd hwnnw;

hiraeth am yr ysgol a hefyd wedi dod i sylweddoli na allai nhad a mam fforddio fy nghadw na rhoi ysgol i mi, a meddwl am weini yn pwyso ar fy meddwl.'

Fel y nododd, ei brif waith ar y tyddyn oedd 'hel eithin' ynghyd, wrth gwrs, â'r dyletswyddau eraill. Ar y pryd, pan oedd mathau eraill o dyfiannau'n brin, roedd eithin yn fwyd gwerthfawr i anifail a thir eithinog, prin ei wair, fyddai Crowrach Isaf. Yn ôl a ysgrifennodd, roedd wedi'i brentisio'n drylwyr yn y gwaith:

'Glangaeaf 1903, cofiaf fel doe i fy nhad brynu cryman bach ysgafn imi i ddysgu torri eithin. Pris y cryman oedd swllt a thair. Cofiaf lle bûm wrthi gyntaf gydag o . . . Wrthi bob dydd Sadwrn, os yn ffit o dywydd, bron ar hyd y dydd, a chael dod allan dri bob nos Fercher o'r Ysgol nes i'r dydd ymestyn yn o dda. Fy nhad wedi siarad â 'Hughes' [yr Ysgolfeistr], ond y fi i ddwyn ar gof iddo bron bob tro. Ychydig iawn dorrwn drwy'r cwbl.'

Calanmai 1906 aeth allan i weini am y waith gyntaf, ond yn ei gynefin a chyda pherthnasau iddo. 'Cyflogwyd fi,' meddai, 'at gefnder mam i Fryncelyn.' Benjamin Thomas oedd hwnnw. Gŵr gweddol ifanc, ar y pryd, ac yn saer maen wrth ei alwedigaeth. Yn ôl *Llyfr Prisiad 1910*, oedd yn asesu'r dreth tir i bwrpas y Cyllid Gwladol, tyddyn ar rent oedd Bryncelyn. Felly, ei waith oedd rhedeg y tyddyn ar ran Benjamin a Hannah, ei wraig.

Doedd y cwlwm teuluol, serch hynny, yn byrhau dim ar ei ddiwrnod gwaith nac, ychwaith, yn ysgafnhau dim ar y gwaith a'i hwynebai o ddydd i ddydd. Yn hogyn 13 oed, gweithiai o chwech y bore hyd saith yr hwyr. Mae'n wir mai tair buwch odro oedd y fuches ond gan mai

Cario gwair hefo ceffyl a throl. Un ar ben y llwyth a'r llall yn codi ar ei gyfer.

mhlith 'y lot o bethau eraill', cyn meddwl am gario gwair, yn y ddau le, roedd y gwaith o hel cerrig. I sawl morwyn ffarm a gwas bach roedd hel cerrig yn waith diflas ac undonog. Yn wir, mae'n sôn amdano'i hun wrth y gwaith a hynny mor ddiweddar â diwedd y pumdegau. Pan oedd cae dan wair, helid y cerrig oedd ar ei wyneb rhag iddyn nhw ddifetha min y bladur neu niweidio llafnau'r injan dorri gwair. Y dull oedd carega o dalar i dalar, eu lluchio i fwced a gwagio honno i drol. Gellid eu defnyddio wedyn i balmantu peth ar y buarth, a'i wastatáu, ac i gau tyllau yn y ffordd a arweiniai i'r lôn fawr. Gwas bach, wrth weld anferthwch y gwaith, yn gofyn i'w feistr ymhle y dechreuai a roes fod, meddir, i'r idiom 'dechrau wrth dy draed'.

'buddai fach un potiad' oedd yno golygai hynny, yn amlach na pheidio, gorddi ddwywaith mewn diwrnod.

Doedd yna ddim ceffyl ym Mryncelyn ond roedd yna gytundeb gyda Deucoch, lle mwy. O gael benthyg ceffyl, roedd gwas bach Bryncelyn i fynd yno i 'chwynnu, cario gwair, cario ŷd, hel tatws a lot o bethau eraill'– a gwneud hynny, wrth gwrs, yn y ddau le.

Y cyflog a dderbyniodd am y tymor oedd £3.10.0, a'i fwyd. Âi adref nos Fercher a nos Sadwrn a'i dad yn ei 'ddanfon yn ôl ar ôl i'r dydd fyrhau'. Tybed a gafodd ei rybuddio, ac yntau'n dal yn blentyn, am y peryglon a berthynai i waith ffarm – hyd yn oed bryd hynny?

33

'Bu agos iawn i mi gael fy lladd yr adeg honno wrth gario gwair i Goleufryn. Roeddwn i'n twsu ebol dyflwydd oed yn y gribin fawr, hen lusgan hen ffasiwn. Rhusiodd yr ebol a rhedodd a dihangfa gyfyng ges na fuaswn wedi cael fy nal yn y gribin a'm llusgo. Yn nrws stabal Deucoch y daliwyd yr ebol a'r tresi yn hongian ar ei ôl. Dychrynais yn fawr, a bûm am ddwy noson heb gysgu dim – methu gwneud. Ni soniais yr un gair am y peth adref.'

A phlentyn oedd o yng ngolwg y capel hefyd. Serch ei fod o bellach yn was ffarm, yr un oedd y disgwyliadau arno ac ar bob plentyn arall a berthynai i'r gorlan. Nid ei fod o'n cwyno am hynny. Wrth edrych yn ôl mae'n canmol, hyd at ymffrostio, yn yr hyn a dderbyniodd oddi ar law'r capel:

'Dywedwn adnod gyda'r plant bob pnawn Sul a noson Seiat. Pan gefais fy 14 oed yn Awst cefais beidio â dweud adnod bnawn Sul ond parhawn i ddweud un nos Fawrth yn y Seiat hyd Glangaeaf. Derbyniwyd fi yn gyflawn aelod fis Hydref ar noson Seiat gyda thair arall - Elin Bwlchclawdd, Margiad Greenland a Lisi Muriau. Dim ond y fi ac Elin yn aros. Cawsom gynghorion gan yr hen frodyr er ceisio argraffu ar ein meddwl bwysigrwydd yr hyn gymerodd le yn ein hanes. Penderfynais innau ynof fy hun na wnawn ddim y byddai yn rhaid fy niarddel o'r Eglwys o'i herwydd a hyd yma yr wyf wedi cael nerth i ddal at hynny.'

Pan ddaeth hi'n ben tymor arno ym Mryncelyn cafodd ei dalu 'ar law' ac 'mewn aur' ond heb y cynnig i gael ei ailgyflogi. Doedd hi ddim yn arfer yno 'gadw bachgen yn y gaeaf'. Felly, yn Nhachwedd 1906 doedd dim amdani ond mynd i'r ffair gyflogi ym Mhwllheli i chwilio am ddaliad. Serch bod ganddo, bellach, chwe mis o brofiad ar ei *curriculum*

*R*oedd Ifan Gruffydd – awdur *Gŵr o Baradwys* – dair blynedd yn fengach na Dafydd, ac ym mis Mai 1909 aeth yntau i ffair gyflogi am y waith gyntaf. Yn Llangefni y bu hynny. Yr un a fyddai'r awyrgylch yn y ddau le, mae'n ddiamau, a'r gofynion yn debyg: 'Gosodais fy hun "ar y farchnad" megis, o flaen y Bull Hotel, ym mhlith ugeiniau o las lanciau'r sir, yn ôl yr arfer mewn ffair gyflogi. . . . Cerddai'r amaethwyr bach a mawr yn hamddenol drwy'r rhengau, gan fesur a phwyso maint a nerth yr ymgeiswyr yn ôl y galw. Os hwsmon fyddai dyn eisiau, yr oedd yn rhaid cael dyn medrus a gloyw gyda'i waith oedd yn barod i godi'n fore a mynd yn hwyr i gysgu - un a allai drefnu gwaith a chymryd diddordeb dwfn ym mhethau ei feistr. Os ceffylwr, wel, dyn ifanc cryf, ysgwyddau llydain, cap ar ochr ei ben, a blewyn [o faco, debyg] yn ei geg. Yr un cymwysterau, mwy neu lai, oedd yn angenrheidiol mewn porthwr a gwas bach, sef eu bod yn barod i wneud dipyn o bopeth.'

vitae – un ar lafar – llanc swil a mymryn yn ddihyder, ddeudwn i, a gychwynnodd o Growrach am Bwllheli i'r ffair bentymor.

Hyd yn oed yn fy nyddiau i – heb sôn am ddyddiau Dafydd y gwas – roedd Ffair Calanmai a Ffair Calangaeaf ym Mhwllheli yn uchelwyliau'r flwyddyn a thyrfaoedd yn tyrru i'r dref. Cynhelid y naill, 'Ffair Glamai', ar 13 Mai a'r llall, 'Ffair Glangaea', ar 11 Tachwedd – ac eithrio fod y Sul yn gwrthdaro. Ac yn ôl awdur *Hanes Tref Pwllheli*, D. G. Lloyd Hughes, mae'r ddwy ffair yn dyddio'n ôl i ddechrau'r bedwaredd ganrif ar bymtheg, neu o bosibl i ddiwedd y ddeunawfed ganrif.

Yn ôl y 'Brithgofion', yr hyn a wnaeth yr argraff fwyaf arno y dydd didroi'n ôl hwnnw oedd nid yn gymaint y ffair ond y teithio yno:

'Mynd yng nghar T. [Tomos] Huws, Bwlchtocyn, car a cheffyl, cychwyn tua naw'r bora a chychwyn o'r dref tua phump y pnawn. Car agored a lle i ddeg eistedd ynddo. Ceffyl gwedd trwm ynddo yn trotian ychydig. Talu 1/6 am ein cario o dai Bwlchtocyn yn ôl a blaen . . . Gweini y byddai T.H., dyn byr a locsyn cringoch ganddo. Ond prynodd gaseg yn ocsiwn Bachellyn o'r enw Darbi. Bu ganddo am flynyddoedd lawer yn rhedeg car i'r dre bob ffair a marchnad, a gweithio yn y mân dyddynod hyd yr ardal. Daeth i ddau geffyl cyn hir, a brêc.'

Trueni na fyddai o wedi rhoi inni ddisgrifiad manylach o'r hyn a ddigwyddai mewn ffair gyflogi ym Mhwllheli cyn dyddiau'r Rhyfel Byd Cyntaf, a'i brofiad yntau o fod yno am y waith gyntaf. Prun bynnag, bu'n ddiwrnod cofiadwy ryfeddol iddo, yn ddiamau, ac yn un llwyddiannus ar ben hynny. Ychwanega mewn man arall, fel math o atodiad, fod ei dad hefyd yn y ffair – heb le.

Cyn ei bod hi'n ddiwedd pnawn roedd Dafydd Crowrach wedi cael bachiad ac yn cychwyn adref am bump. Byddai'n ôl yng Nghrowrach at y saith – wel, os oedd y 'ceffyl gwedd trwm' hwnnw'n dal i 'drotian ychydig'. Dros dymor y gaeaf roedd o i weini ym Mhenrhyn Mawr, ffarm gan erw, yn agos i'w gartref. Newyddion drwg, hwyrach, i'r fam a'r nain oedd clywed mai mor bell ag Ynysgain Fawr, ym mhlwyf Llanystumdwy, y byddai gwely ei dad o Glangaeaf ymlaen.

O ddarllen rhwng llinellau'r *Brithgofion* ymddengys iddo gael Penrhyn Mawr, serch yn fwy ei faint, yn lle mwy hamddenol os beth, gyda rhagor o gwmni ar y buarth. Mab y lle, Griffith, hogyn tua'r un oed ag o, oedd y certmon – yr un a ofalai am y ceffylau. Gwaith y gwas newydd oedd 'helpu efo popeth': 'porthi tipyn', hel eithin, tynnu rwdins, carthu a chwalu tail.

Un o'i atgofion hyfrytaf, yn rhyfedd iawn, oedd cael cerdded bustych i Bwllheli ar ddiwrnod Ffair

John Owen Jones, a ddiogelodd a theipio 'Brithgofion', *yn siop lyfrau enwog J. R. Morris yng Nghaernarfon.*

*G*wella ansawdd y pridd drwy ei wrteithio oedd bwriad teilo. Golygai garthu baw'r anifeiliaid o'r stablau a'r beudai yn domen o dail ar y buarth. Yn ddiweddarach wedyn, ei gario gyda throliau i'r caeau. Roedd hi'n arfer codi trwmbal y drol at i fyny gyda chymorth llafn haearn - 'rhoi trol ar ei brân' oedd un ymadrodd. Wedyn, defnyddio caff, fforch dair pig, i'w ddragio o'r trwmbal a'i adael yn bentyrrau yma ac acw cyn ei wasgaru â fforch dail. Unwaith, ar wahân i galch, tom anifeiliaid oedd yr unig wrtaith. Yn ddiweddarach daeth yn ffasiwn, hyd yn oed yn Llŷn, nid yn unig i gasglu gwymon o'r traethau yn wrtaith ond i fewnforio giwana - baw adar môr - o Dde America a mannau pellennig eraill. Yna, daeth y tractor a'r chwalwr tail i brysuro ac ysgafnhau'r gwaith.

Newydd a gynhelid yn flynyddol ar 15 Mawrth. Yna, Thomas Parry, ei feistr, yn 'prynu buwch drom lo yno a dod â honno adref; am oriau'n dod a hithau'n ddiwrnod braf iawn'. Roedd y cerdded yn ôl a blaen yn siŵr o fod yn 18 milltir i gyd, a fedr neb frysio gormod hefo buwch a honno'n 'drom lo'.

Y Cim oedd ffarm fwya'r fro, eto'n agos iawn i'w gartref, ac yno yr aeth Glamai 1907. Yn ôl Llyfr Prisiad 1910 roedd hi'n 260 o aceri, ac o'i chymharu â thyddyn fel Crowrach Isaf yn ransh o le. Yn un peth roedd yno 18 o wartheg godro. Dyn dibriod, ar y pryd, oedd y tenant, William Williams, ac mae'n ei ddisgrifio fel 'dyn tal ac urddasol ei olwg'. Yn 1907, ac yntau newydd gyrraedd ei 13 oed – ac yn dal ar ei brifiant – roedd y Cim, meddai, yn lle da am fwyd a chofnododd beth oedd ar y fwydlen:

'Cenid rhyw fath o grogen fawr i alw am frecwast a chinio, gwnâi sŵn fel corn stemar. Clywid ei sŵn trwy'r ardal i gyd ar dywydd braf. Codem am chwech y bora a gweithio am awr cyn bwyd. Yn y gaeaf potes bob yn ail â bara llaeth a gaem. Yn yr haf byddai llond dysgl o lefrith ar y bwrdd bob bora ond dim yn y gaeaf. Lleddid mochyn neu hwch tua mis Ebrill a buwch neu darw ddechrau gaeaf . . . Dim sôn am de ganol dydd na phwdin ond y Sul. Brwas i frecwast bob Sul a boreau Mercher yn y gaeaf. Yn yr haf te am bump o'r gloch a chwech o'r gloch yn y gaeaf . . . Swper am saith – uwd yn unig.'

Roedd yno bump o weision i gyd a dwy forwyn ac fel ar bob achlysur, gydol y blynyddoedd, mae yn eu henwi nhw ac yn manylu yn eu cylch. O ran safle, y fo oedd y pedwerydd yn rheng y gweision. Y pumed, a'r gwas bach, oedd Huw John Powell – 'un a fagwyd yn Stiniog,' meddai, 'ond ei fam o Fwlchtocyn'. A phan ddarllenais i hynny, dyna glychau'n canu yn fy mhen i. Ann, merch Crowrach Uchaf a chwaer i fy nhaid, oedd ei fam ac yntau felly'n gefnder i fy mam innau. Yna sylweddoli, o ddarllen ymlaen, mai cyfnither iddo, Mary Winnie, merch Elizabeth, chwaer hŷn ei fam, oedd yr howsgiper. Esgyrn yr hanes teuluol oedd gen i cyn hynny a bellach dyma'r darnau'n syrthio i'w lle.

Yn ôl y 'Brithgofion' wedyn, cafodd Hugh ei 'ladd ym Mesopotamia yn ystod rhyfel 1914-1918. Roedd hynny'n ddigon o allwedd i mi fedru agor cloeon a chwilio ymhellach. Yng nghofrestr milwyr a laddwyd, nodir y perthynai i Wythfed Bataliwn y Ffiwsilwyr Cymreig, mai yn Abersoch roedd ei breswylfod pan ymunodd ac iddo wneud hynny ym Mhlas Cefnamwlch – un o blastai Llŷn. Ymhle tybed y clywodd Hugh yr alwad a phenderfynu ufuddhau iddi? Yn ôl *Yr Herald Cymraeg*, 8 Medi 1914, roedd cynifer â 'dau ddwsin' wedi gwirfoddoli yn dilyn cyfarfod a gynhaliwyd yn Ysgol Tudweiliog a Mrs Wynne Finch, gwraig y Plas, yn cadeirio ac yn annerch. A sonia'r *Genedl Gymreig*, wedyn, am fwy

'*M*ae Meri Winnie,' meddai, 'yn wraig fferm ers blynyddoedd tua Thrawsfynydd. Lladdwyd mab 12 oed iddi gan fellten rhyw Sul lawer blwyddyn yn ôl, wrth nôl y gwartheg i'w godro.' Mab Mary Winnie ac Edward Tudor, Cefn Clawdd, a chefnder i fy mam, oedd yr hogyn. Yn ôl y garreg fedd, 18 Gorffennaf 1926 oedd y dyddiad ac yntau ar y pryd yn 11 oed. Cyhoeddwyd y manylion a ganlyn yn y papur lleol, *Y Rhedegydd*, 22 Gorffennaf 1926: 'Yr oedd David Tudor yn gyrru gwartheg wedi bod yn godro pan darawyd ef. Yr oedd ei leggings wedi eu tynnu yn llwyr, a'i gyllell wedi ei rhwygo allan o'i boced; yr oedd ei esgidiau wedi eu llosgi, ac un ohonynt wedi ei chladdu yn ddwfn yn y ddaear. Yr oedd ei gi hefyd wedi ei ladd o fewn rhyw bymtheg llath iddo.'

nag un cyfarfod recriwtio a gynhaliwyd yn Ysgol Sarn-bach o ddechrau 1915 ymlaen. O ba gyfeiriad bynnag y clywodd yr alwad, pendraw'r arwyddo hwnnw oedd iddo gael ei glwyfo yn un o'r brwydrau a marw o ganlyniad i'w anafiadau, 26 Ionawr 1917. Yn ôl ei ewyllys, 'in Welsh', gadawodd bopeth i'w efaill, Griffith (a ddioddefai o anabledd yn ôl ei deulu) er y bu peth amheuaeth am ddilysrwydd yr ewyllys honno. Ni fu Griffith yn llwyr ar ei golled: '£10.10 was issued to him as an act of grace'.

Cyn uffern y Rhyfel Mawr roedd Hugh Powell, mae'n amlwg, wedi diwrnod o waith yn gysgwr diguro. Sôn am gŵn y Cim ddaeth â hynny'n ôl i feddwl yr awdur a gweddillion Hugh, erbyn hynny, yn naear Mesopotamia:

'Roedd yno ddau gi; un du a blewyn cwta arno, math o gymysgedd o filgi a chi defaid - bob amser yn dilyn wrth sawdl ei feistr. Ni edrychai arnom ni ond pan fyddem yn bwyta. Pero oedd ei enw. Ci go lew efo defaid ar orchymyn ei feistr yn unig. Tango oedd y llall - ci defaid mi gredaf, coch â rhywfaint o wyn ynddo. Y fo efo ni o hyd yn enwedig efo Owen [un o'r gweision]. Hoffai ganlyn y drol; cysgai gyda ni yn y llofft bob nos. Cofiaf yn dda iawn un tro, yr hen darw un nos Sul wedi dod i'r iard ac yn cadw twrw a straglio nes deffro pawb ond Huw. Chwyrnai Huw dros y lle. Wrth glywed ein lleisiau ni daeth yr hen darw at droed y grisiau a rhoi ei draed ar y tair neu bedair gris isaf a'i drwyn bron â chyrraedd ffenestr y llofft ac yn gwneud nadau a Huw yn dal i chwyrnu. Pawb arall wedi distewi, ofn iddo allu dod i ben y grisiau cerrig oedd yno - rhyw saith neu wyth gris oedd yno a heb ganllaw na dim - grisiau go lydan. Yr hen gi yno, yn gwrando, Owen yn codi, yn agor cil y drws gan weiddi 'Sawdl was' a'r tarw yn carlamu i ffwrdd ac i'r cae lle yr oedd i fod. Chwibanu ar y ci yn ôl a chysgu'n drwm tan y bora.'

Ar y dechrau, dipyn o bopeth oedd ei ddyletswyddau tua'r Cim, eto roedd ganddo yntau ei briod waith. 'Fy ngwaith arbennig i oedd hel eithin; torri eithin bob bora, a dod â hwy adref erbyn cinio ar y car llusg.'

Fel y nodwyd yn barod, roedd y Cim yn lle da am fwyd, ond ar ddyddiau gŵyl byddai'r fwydlen yn newid – er gwell. Mary Winnie, yr howsgiper, a ofalai am hynny hefyd:

> 'Caem dri pnawn o ŵyl mewn blwyddyn. *Nadolig*, gorffen malu a phopeth erbyn cinio. Caem ŵydd y diwrnod hwnnw a phlwm pwdin; un mawr hefyd, ar y bwrdd, a phawb yn helpu ei hun ohono. Ond pawb wedi bwyta gormod o datws a moron i fedru bwyta llawer o bwdin. Caem un sleisen fawr o bwdin efo llaeth cynnes ar ôl [y] tatws bob dydd hyd ddydd Calan. *Dydd Calan* yn ddydd Gŵyl hefyd ond malu ar ôl cinio. Caem ginio hefyd yr un fath yn union â diwrnod Nadolig . . . Caem ŵyl eto ar ôl cinio *Llun y Pasg*. I de Sul y Pasg roedd 20 o wyau wedi eu berwi mewn dysgl ar y bwrdd . . felly [caem] bump wy bob un y tro hwnnw, a'r unig dro inni gael wy mewn blwyddyn. Caem bnawn hefyd i fynd i Regeta Abersoch, mis Awst, a mynd i'r capel dair gwaith dydd diolchgarwch.'

Pan fyddai hi'n ddiwrnod cneifio yn y Cim hel a didol y defaid fyddai ei waith – nid cael cynnig cneifio. Rhoddodd i ni ddarlun cofiadwy o'r arfer bryd hynny:

*M*ath o gar aml bwrpas oedd car llusg. Yn arferol, a dyna pam yr enw, un heb olwynion, yn cael ei dynnu gan geffyl i gyrchu pob math o gnydau o fannau anhygyrch a'u llusgo i gyfeiriad yr ydlan, y sgubor neu'r cwt malu. Ei wneuthuriad, yn fras, yn ôl Hugh Evans yn *Cwm Eithin*, oedd 'dau bren ar hyd y gwaelod, un o bob ochr, a raels ar eu traws.' Fe'i defnyddid yn ogystal i lusgo tail o'r buarth i'r caeau ar adeg teilo. I Dafydd Crowrach, wedyn, yn was bach yn y Cim, 'Car isel gyda dwy olwyn fechan oedd y car llusg, a'i fagio at ddrws y sgubor a chodi ei siafftiau i fyny i wagio'r llwyth.'

Golchi defaid wrth 'dwll mango' o dan y bont yn Abersoch.

'Roedd diwrnod cneifio yn ddiwrnod mawr yno. Mynd â'r defaid i'r Aber [Abersoch] i'r afon i'w golchi dan y bont; dau neu dri yn y dŵr wedi newid eu dillad i gyd ac eraill yn estyn neu daflu'r defaid i fyny. Talai'r *Boss* a phob *Boss* arall am beint o gwrw i bob un. Dyna y tro cyntaf i mi brofi dafn o gwrw, ac unwaith ar ôl hyn, ar hyd fy oes . . . I gneifio deuai amryw o gymdogion yno i neud y gwaith. Fy ngwaith i oedd dal y defaid a mynd â hwy i'r dynion; roedd gennyf gortyn i'w roi am eu gyddfau rhag iddynt ddianc. Roedd yno ddwy gorlan, un fawr ac un fach. Cadw'r gorlan fach yn weddol lawn trwy'r dydd, cymaint o dywod yn y gwlân . . . Dwy ddynes yno yn hel gwlân – Jane Thomas Tŷ Bach ac Elin Pyrs. Lot o hwyl diniwed trwy'r dydd.'

Ar ddiwedd ei dymor cyntaf yn y Cim cafodd godiad yn ei gyflog i £8-5-0 a'i ddyrchafu i fod yn ail gertmon; £5-5-0 oedd y swm pan gyrhaeddodd yno. Serch hynny, ar derfyn ei ail dymor aeth yn fymryn o dân rhyngddo a'i feistr – glo mân, mae'n debyg, wedi bod yn mudlosgi:

'Cefais gynnig taer iawn, iawn, i aros yno'r haf wedyn, ond ni wnawn. Roedd wedi addo y cawn ddysgu redig yn y gwanwyn ond Huw Huws [yr hwsmon, ond un a ddaeth yno ar ei ôl] fu wrthi. Felly roeddwn yn bur siomedig ac wedi digio dipyn wrtho. Y fi fyddai'n llyfnu a pob dim ond redig; ni ches drio cwys o gwbl. Addawodd £10 imi os arhoswn yno. Yn wir roedd yn crio wrth grefu arnaf. Anodd i neb gredu hynny hwyrach ond gwn y credith pawb oedd yn adnabod William Williams yn iawn. Roedd yn ddrwg arnaf adref am beidio ag aros ond yr oeddwn innau'n benderfynol o ymadael.'

Yn Ffair Glamai 1908 cyflogodd i fynd i weini i'r Fach, 'lle o olwg Crowrach' chwedl yntau, ar safiad braf tu allan i Abersoch ar y ffordd am Lanbedrog a Phwllheli. Cafodd addewid am saith a chwech yn fwy o gyflog na chynnig gorau gŵr y Cim. Roedd safon y bwyd yn ddigon tebyg ond 'mwy o de allan' – ar adeg y cynhaeaf neu weithio ar y tir, mae'n debyg. Ond roedd ganddo un gŵyn: 'Caem i ginio at ddiwedd y flwyddyn un dydd o bob wythnos

*P*an ddechreuodd weini roedd gwneud rhaffau i doi teisi gwair, ŷd neu wellt yn rhan o waith gwas ffarm. Roedd angen dau (neu ragor) at y gwaith: un gyda phren rhaffau, neu bren troi, i afael yn y gwellt, a throelli, a'r llall i fwydo'r gwellt neu wair gweundir a'r ddau, wedyn, yn ymbellhau oddi wrth ei gilydd fel y tyfai'r rhaff. O gael sgubor weddol lydan gellid neilltuo diwrnod glawog ar gyfer y gwaith. Yn nhymor fy mhlentyndod i, ac wedi hynny, byddai gwneud rhaff gyda phren troi'n gystadleuaeth flynyddol yn Sioe Mynytho. Felly, roedd hi'n grefft a oedodd yn y fro am gyfnod maith.

Dau o Fynytho, yn 'gollwng rhaff'; Christmas, canwr yn ei ddydd a gwas yn Barrach Fawr, yn bwydo a Jac, Tan Foel, yn troi.

ddau bennog a thatws. Cefais ddigon o benwaig am fy oes; cas byth gennyf eu gweld.'

Griffith Hughes oedd enw'r ffarmwr, un a fu'n gweini ar ffermydd ac yn cadw tafarn ym Mhorthmadog. Prynodd y Fach, ffarm dros gan acer, er lles iechyd ei briod ond bu hi farw'n fuan wedi cyrraedd yno. O ran safle, y trydydd gwas oedd Dafydd. Roedd yno bedwerydd hefyd, John Thomas, 'hen gigydd wedi torri [methdalwr] a ddaeth yno gyda'r teulu o Borthmadog ydoedd. Gwariai bob dimai a gâi yn y Ship, tafarn y pryd hynny yn Aber-soch. Cwestiwn cyntaf gŵr y Fach i'w was newydd oedd a fedrai fynd â throl drwy adwy – roedd y certmon swyddogol wedi methu – ac atebodd yntau iddo wneud hynny lawer gwaith, a gwnaeth hynny'n ddidrafferth. Cafodd ddyrchafiad yn y fan, 'rhaid i ti fynd yn gertmon, tyrd i'r stabal i mi 'u dangos iti [y ceffylau]'. Cyn gadael y Fach cafodd gyfle i ddysgu crefft arall; o gofio'r cyfnod, y syndod ydi na fyddai wedi ei meistroli cyn hyn. Y grefft honno oedd defnyddio pren troi i wneud rhaffau gwellt i doi teisi.

Dysgu'r grefft neu beidio, 'dyn gwyllt iawn' oedd yr athro:

'Ifan oedd yr ail was a chafodd ef y cyfle cyntaf i wneud rhaff . . . Daeth Griffith Hughes i'r drws gan weiddi 'Fedri di ollwng rhaff?' Atebais innau na fûm erioed yn trio. 'Tyrd i'r sgubor,' meddai ac eistedd ei hunan wrth fy ochr. John Thomas [yr 'hen gigydd'] yn troi imi; dyma gychwyn, a'r tro trwy fy llaw a Hughes yn damio. Gwellt oedd y defnydd a hwnnw'n torri, ond toc dois i weld ychydig ar y grefft a daeth yntau at ei hun gan ddweud fod ron bach o obaith ohonof ar y job. Fodd bynnag gollyngais raffau efo Griffith Hughes a wnaeth y tro, rhai traws i ddechrau, yna rhai bach.'

Meistroli crefft newydd a bagio trol drwy adwy neu beidio, doedd hynny ddim yn ddigon iddo gael cadw'i le. Er i'r setliad ar y pen tymor fod yn un hynod o hael, pum swllt ar ben ei gyflog – hanner coron am dorri ŷd ac un arall am 'ollwng rhaffau' – ymadael fu raid iddo.

Yn y ffair bentymor, Tachwedd 1908, cafodd gais taer i fynd yn ail gertmon i Gastellmarch, ffarm sylweddol am y caeau, bron, â'r Fach. Bu'n 'dipyn o row' rhyngddo a'i dad am iddo wrthod y cynnig. 'Ond nid es yno,' meddai, 'oherwydd y torri eithin.'

Aeth i weini i Bant-yr-hwch, ffarm weddol fach ar lan afon Soch. (Yn ddiweddarach, bu ewyrth a modryb i mi'n byw yno ac yn ffarmio'r tir.) Teulu o dri oedd yn byw yno: Ellis Thomas, y ffarmwr, 'dyn taclus iawn', Margaret ei briod a John Evans, ei brawd – y brawd a'r chwaer yn blant Pant-yr-hwch. Roedd John yn enaid gwahanol ac yn dioddef o anabledd. (Daeth Salmon, oedd ddwy flynedd yn fengach nag o, yn adeiladwr a chrefyddwr amlwg yn Lerpwl, ond gan ddal cysylltiad agos â'i ardal enedigol a dychwelyd yno.) Byddai'n rhoi help llaw i'r gwas. Deuai â the ddeg iddo mewn jwg, a'r te'n aml wedi oeri, neu'i golli, ond rhoddodd bortread tyner ohono:

*Y*n y Cim ei waith o ben bore hyd ginio oedd torri eithin â chryman, ei lwytho a'i gario – a hynny ar law a hindda. Er i ffarmwr 'Stellmarch ei sicrhau na fyddai rhaid iddo dorri'r un eithinen 'ar ôl Ffair Newydd' go brin ei fod, wedyn, am ailgydio yn yr un math o orchwyl. Ffair gynta'r flwyddyn oedd honno. Serch mai planhigyn gwyllt oedd eithin fe'i tyfid o had, unwaith, yn fwyd i anifeiliaid – ceffylau'n bennaf. Yn ôl Eurwyn Wiliam, *Hen Adeiladau Fferm*, 1992: 'Bwyd arferol y ceffylau a'r gwartheg ym mhlwyf Llangian, Llŷn [y plwyf lle magwyd Dafydd Jones] tua 1810 oedd tatws ac eithin yn gymysg . . .'. Fe'i defnyddid hefyd yn wely i deisi gwair ac ŷd.

44

'Pwtyn byr, locsyn tenau wedi britho, het galed am ei ben bob amser; ni welais gap ganddo erioed. Câi lawer o ddillad ar ôl ei frawd Salmon Evans ond byddent lawer yn rhy fawr iddo yn enwedig y cotiau a wisgai gartref; byddent rhwng crysbas a thop côt . . . Helia'r gwartheg tua unarddeg i lawr yr allt i nôl dŵr a charthai danynt yn lân. Gwnawn i hynny ambell fore Sul yn ei le er mwyn iddo ef gael mynd i'r capel. Roedd hynny yn bles fawr iawn. Byddai allan yn sgubo'r iard pan oedd yn bwrw ac Ellis a Margiad yn ddig iawn wrtho am wlychu ond doedd gaddo [dwrdio] yn mennu'r un gronyn ar John nes y gwaeddai Ellis Thomas am i mi ddod â rhaff i grogi John. Dôi i mewn wedyn a'i gaddo i Ellis Thomas ac am fynd i aros i Rhandir at ei chwaer arall.'

Dafydd Jones oedd yr unig was ym Mhant-yr-hwch a chysgai yn y llofft allan. 'Wrth ochr fy ngwely,' meddai, 'roedd tomen o geirch a llygod yn hoff ohono ac yn talu ymweliad â'r lle yn fynych.' Llygod bach, a byddai popeth yn iawn, hwyrach! Pa rywogaeth bynnag oedd ei gwmni mae'n dweud yr âi i'w 'wely yn gynnar', i 'ddarllen a dysgu'. Yn wir, mae'n honni iddo ddysgu Llyfr y Diarhebion bron i gyd ar ei gof y tymor hwnnw.

Pan symudodd i weini i Fryncelyn Isaf, Glamai 1909, cwynai am yr ymborth: yn 'lle pur sâl am fwyd. Prynent beilliad rhad iawn, nid oedd i'w gael yn nes na Phwllheli. Champion oedd ei enw; bara tywyll iawn a chaled sobr.' Wedi pori yn y 'Brithgofion' fedra i ddim peidio â meddwl nad oedd yr aelwyd ym Mryncelyn Isaf, hefyd, yn un wahanol i'r cyffredin. Er bod yno yn agos i 60 acer, ffarmio'r tir o bell fu hanes y teulu am rai blynyddoedd a howsgiper a dau was yn rhedeg y lle o ddydd i ddydd. Bu gŵr y tŷ, Evan Jones – ei briod, Catherine, yn ferch Bryncelyn – yn gweithio yn y gwaith cotwm a'r teulu'n byw yn Lerpwl.

Erbyn iddo gyrraedd yno i weini roedd y gŵr a'r wraig, ac un o'r

*Torri gwair rhos ym Modwyddog Fawr, Rhiw. Fy nhad ar y peiriant a'i frawd,
'Wili Bodwyddog', yn sefyll.*

merched, Sarah, wedi dychwelyd. Ystyriai fod Sarah, a alwai'n 'Miss
Jones', yn un o flaen ei hoes:

'Pan yn cynnull byddai Miss Jones fel rheol efo ni yn rhoi'r seldremi
ar ei gilydd. Gwelais hi ar ben yr injan dorri gwair hefyd ond yn
methu cael llawer o hwyl arni – methu codi'r lifars. Byddai hefyd yn
saethu hefo gwn dau faril - hen hogan iawn, yr orau gennyf fi . . .
Byddai, hefyd, yn troi rhaffau yn y sgubor ar ambell i ddiwrnod
glawog.'

Ym Medi 1909, ym Mryncelyn, cafodd ddiwrnod o wyliau i fynd i
Sasiwn ym Mhwllheli. Peth pur anarferol hyd yn oed yn yr oes honno.
Yn ddiddorol iawn, serch y saethu 'hefo gwn dau faril' roedd 'Miss
Jones', ymhen rhai blynyddoedd, i briodi gyda gweinidog y capel lleol
– y Parch. H. D. Lloyd – ac aros yn y fro weddill ei dyddiau. Y diwrnod
hwnnw, bu Dafydd Jones yn sefyll am oriau ar y Maes yn gwrando
crème de la crème y pulpud Cymraeg yn ei morio hi – yr enwog John
Williams, Brynsiencyn, yn eu plith. 'Pregethu da iawn,' datganodd, 'y

Sasiwn orau y bûm ynddi erioed' – a newydd droi'i 17 oed oedd o! Mynychodd sawl Sasiwn arall wedi hynny.

Ym Mhen-bont, Llangïan – ffarm dros gan erw ar lan afon Soch – y treuliodd y ddwy flynedd ddilynol, 1910-1912. (Flynyddoedd yn ddiweddarach, bu fy nhad yn gweini tymor yno, gyda theulu gwahanol.) Owen Roberts oedd yr amaethwr a'i wraig ac yntau newydd fudo yno. Yn ôl Cyfrifiad 1911 roedd o wedi troi'i 40 oed a'i briod wyth mlynedd yn ieuengach nag o. Cyn belled ag roedd perthynas y pâr priod â'i gilydd yn y cwestiwn synhwyrais fod peth drwg yn y caws. Brawddeg gynnil, yma ac acw, sydd ganddo am Owen Roberts ond daw 'Mrs Roberts' – fel y cyfeiria ati'n ddieithriad – i'r stori yn bur aml. Bu sawl *tête-à-tête* rhwng y gwas a hithau, debygwn i, rhwng godro a charthu neu rhwng swper a chadw noswyl. Hithau, mae'n amlwg, yn rhy agored ei chalon – gofidiai 'nad oedd iddi blentyn a dywedai hynny o hyd ac o hyd wrth bawb' – ac yn gwisgo'r galon honno ar ei llawes.

'Roedd ganddynt ddigon o arian. Mrs Roberts, meddai hi, oedd piau pob peth yn Penbont, ie hyd yn oed y llwy de. Lle digon symol oedd yno am fwyd, go dda'r tymor cyntaf ond salach ar ôl hynny. Y menyn weithiau heb fod yn dda a'r cig bryd arall yn drewi. Owen Roberts yn ffarmwr deheuig iawn . . . Nid âi Owen Roberts i lan na chapel. Mrs Roberts weithiau i Langian er yn cadw ei haelodaeth o hyd yn y Bwlch, y capel y magwyd hi ynddo. Llawer gwaith y bûm yno hefo hi efo'r car a'r ferlen; ei danfon yn y bora yn aml iawn a dod yn nôl. Hithau yno am y dydd, âi i Hendy am fwyd at ei mam. Wrach na welid mohoni yn Penbont am ddyddiau. Byddai yn crio bob tro wrth basio Eglwys Llanegan; yno y priododd. Yn ei geiriau hi ei hun – yno y crogodd ei hun. Cawn ambell chwecheiniog ganddi am ei danfon i'r Bwlch.'

Wrth gyrraedd Pen-bont, Glamai 1911, roedd Dafydd yn llanc 18 oed a chanddo, erbyn hynny, yn agos i chwe blynedd o brofiad o 'weini ffarmwrs' tu cefn iddo. Cytunodd i fynd yno am lai o gyflog ac edifarhau yn fuan am iddo wneud hynny – 'mor ynfyd yr oeddwn'. Eto, dyma'r lle cyntaf iddo aros yno am bedwar tymor yn olynol. O'r herwydd, mae'n manylu mwy am bopeth o dan haul: y bobl a'r tywydd, yr ymborth a'r cynaeafau, llan a chapel, profiadau personol a'r gymdeithas o'i gwmpas.

Yn Ffair Glamai roedd o wedi prynu beic am y tro cyntaf. Pa beth a'i hataliodd rhag gwneud hynny ynghynt mae'n anodd dyfalu. Nid prinder arian, dybiwn i. Mae'n cofnodi'i enillion i'r geiniog ac i'w weld yn gwarchod ei eiddo'n ofalus. Mae'r dyfyniad a ganlyn yn awgrymu mai heb feistroli'r grefft o reidio roedd o:

> 'Dyma'r haf cyntaf imi fod yn berchen beic; ei brynu yn ffair Pwllheli fis Mai, 1911 gan Roberts Paragon ar ôl hynny. Beic Rudge Whitworth handi iawn, fawr gwaeth na newydd, am £3-10-0. Nhad yn ei reidio adref o'r dre – ni fedrwn i. Ces dipyn o waith dysgu ond dois yn fuan iawn.'

Ac o ddysgu ei farchogaeth cafodd, fel y gwelwn yn nes ymlaen, ehangu'i orwelion ac annibyniaeth newydd. Yn ychwanegol at y beic, peth arall a oedodd yn ei feddwl, yn fwy na fawr ddim, oedd haf crasboeth 1911:

> 'Allan a hithau yn boeth iawn – haf 1911; haf *Coronation* George y Pumed. Ha' sychaf a welais i erioed mi gredaf; ychydig iawn o wair; un das yn Penbont ac wedi ei gael i gyd erbyn ffair ŵyl Ifan Pwllheli [a gynhelid ddiwedd Mehefin], a'r ŷd yn ei styciau yn barod i'w gario ddiwrnod Regeta Abersoch. Y tro hwnnw y boddodd dyn Carreg Plas, Aberdaron, yn Abersoch.'

*M*or gynnar â haf 1907 bu Dafydd Jones â rhan mewn 'diwrnod cneifio'. Fwy nag unwaith, yn 'Brithgofion' rhoddodd ddisgrifiadau diddorol o'r grefft: 'Rhoid y ddafad rhwng y coesau gan ddechrau cneifio o dan ei bol. Tra cneifid y bol delid y ddau droed ôl gan un o'r hogiau. Wedi gwneud y bol rhoddid carchar arni, y ddau droed blaen ynghyd â'r ddau ôl yr un fath, a'r cneifwyr yn ei throi o'r naill ochr i'r llall.' Merched, yn aml, a gasglai'r gwlân. Gwellaif, 'gwella' yn Llŷn, oedd hi dros y canrifoedd, ac yn nyddiau Dafydd Jones: math o siswrn mawr a dau lafn iddo. Yn naturiol, dim ond wedi i drydan gyrraedd y fro, yn y pumdegau, y dechreuwyd cneifio â pheiriant. (Go brin, hwyrach, iddo roi cynnig ar hynny.) Ym Mhen Llŷn, fel mannau eraill, roedd 'diwrnod cneifio' yn achlysur cymdeithasol gyda chinio i'w gofio. I raddau mawr, deil felly o hyd.

A dyna awdur 'Brithgofion' yn cofnodi ffaith na wyddwn i ddim amdani. Ac wedi chwilio, dyma ddarganfod i William John Lloyd-Carreg, un o'r bonedd, foddi yn y môr ar ddydd Iau, 10 Awst 1911, yn 29 oed.

Yr un haf cafodd siawns i gneifio defaid am y waith gyntaf. Er nad oedd y ddiadell yn un fawr bu'n gneifio blinderus iawn, dybiwn i; dim corlan, y ci ar streic a hithau'n ddiwrnod crasboeth arall. Wn i ddim faint o ddyn defaid oedd o ar y dechrau oherwydd cafodd ei ddychryn yn blentyn:

'Clywais ddweud i oen llywaeth fy nychryn trwy ddŵad i'r tŷ a minnau yn digwydd bod yno fy hunan. Parodd hynny i mi ofni defaid am flynyddoedd. Pan awn i a Jane [ei chwaer] i neges, er mwyn pasio defaid ar y ffordd safai Jane rhyngof a hwy er diogelwch i mi . . . Cofiaf y diwrnod cneifio hwnnw, mor boeth oedd a finnau'n nerfus iawn. Yn y cae heb gorlan na dim a'r ci wedi mynd ar ffo. Rhaid fyddai hel y defaid i'r gornel bob tro i ddal un. Robin [gwas arall, ieuengach nag o] a finnau'n gwneud y rhan fwyaf o'r rhedeg . . . Defaid mawr oeddynt, hanner cant neu fwy ohonynt. Gwelleifiau newydd sbon. Owen Roberts a William Huws [yr hwsmon] a finnau wrthi, y gwellaif yn newydd ac yn sgleinio yn ddisglair yn yr haul tanbaid a lot o wlân ar y defaid, a job i'w dal. Cofiaf i mi fod yn reit sâl y noson honno.'

Tua Glamai 1912 roedd morwyn Penbont, o'r enw Catherine, yn disgwyl plentyn ac wedi penderfynu gadael, heb fawr rybudd. Ar bnawn braf, y mis Mehefin hwnnw, roedd Dafydd yn cneifio – am yr eildro – yn y cae dros y ffordd i'r tŷ pan ddaeth Margaret Roberts heibio 'â llythyr yn ei llaw'. Roedd hi 'eisiau i rywun fynd ag ef i'r Post i Langian, a chan fod gennyf feic syrthiodd arnaf fi i fynd'. Y llythyr hwnnw a bostiodd (lle postiais innau sawl llythyr erioed), a'r beic a brynodd flwyddyn ynghynt, ydi'r prolog i'w stori garu; stori a ysgrifennodd, bron i hanner can mlynedd yn ddiweddarach.

Llun prin o Meri, y 'forwyn newydd', a'i harddwch mawr.

'Cyn y Sul dywedodd Mrs Roberts ei bod yn disgwyl morwyn newydd ddydd Llun ac mai i honno yr oedd y llythyr y bûm yn ei bostio y dydd Llun cynt . . . Cofiaf yn iawn mai chwynnu'r oeddym; cyrraedd am ginio ac yn wir roedd y forwyn newydd wedi cyrraedd. Hogan ddel iawn ac edrychai yn swil ofnadwy . . . Credaf mai ychydig iawn a fwytaodd Meri. Clywsom ei henw gan Mrs Roberts. Pawb yn taflu eu golwg arni. Cofiaf byth i'm llygaid i a hithau gyfarfod unwaith a theimlwn ryw drydan yn fy ngherdded i gyd. Rhyw deimlad na wyddwn ddim amdano cyn hynny. Ymhen rhai misoedd cyf-addefodd Meri wrthyf iddi hithau deimlo rhywbeth tebyg yn yr edrychiad hwnnw.'

Roedd y ddau wedi'u geni o fewn ychydig fisoedd i'w gilydd, teuluoedd y ddau wedi bod yn gweini ers sawl cenhedlaeth a'r ddau'n gynefin iawn â thlodi – y hi'n fwy felly nag o. Un o Uwchmynydd, tu hwnt i Aberdaron, oedd Meri'n wreiddiol. Ym Mryn Chwilog Uchaf y cofia'i hun gyntaf. Fel 'Meri' y cyfeirir ati bob tro yn 'Brithgofion' ond 'Mary' oedd ei henw bedydd yn ôl Cyfrifiad 1901.

Serch gweini ar yr un ffarm, Pen-bont, oherwydd swildod a chonfensiynau'r cyfnod aeth wythnosau heibio cyn i'r ddau ddod i ddechrau adnabod ei gilydd. Cael ambell i sgwrs, hwyrach, pan oedd Dafydd yn carthu o dan y ceffylau a Meri'n bwydo'r moch – a 'Mrs Roberts' allan o glyw. A phan ddaeth hi – a defnyddio un o idiomau Llŷn – yn noson gosod dyrnwr, a'r ddau'n mynd allan am dro y waith gyntaf, doedd yr amgylchiadau ddim yn ddelfrydol. Roedd yna dri yn y cwmni. Y daith oedd croesi afon Soch, lle'r oedd pont weddol newydd, a dringo llwybr a gydredai â'r afon i fyny Allt Fron-gaer:

'Cofiaf yn dda iawn un noswaith braf iawn adeg cynhaeaf gwair. Ond nid oedd cario'r noson honno . . . Robert [y gwas arall] a minnau yn cychwyn am dro a digwyddai Meri fod yn sefyll yn y giât bach - giât ffrynt tŷ Penbont a golwg digon hiraethus arni. 'Carwn yn fawr gael dod,' meddai, 'i weld ron bach o gwmpas. Mae Owen Roberts wedi mynd i edrach y defaid a Mrs Roberts ddim adref.' Pwysodd Robert arni i ddŵad gan ddweud na fyddem yn hir. 'Rhowch gôt drosoch,' meddai, 'mi fydd yn oerach ar ben yr allt.' Beth bynnag mi ddoth, ac wrach fy mod i'n falchach na Robert o hynny. Cyrraedd y top a ninnau'n dangos y wlad iddi. Robert yn gwybod mwy am y wlad i gyfeiriad y Rhiw a Garnfadrun, a minnau'n gwybod mwy am yr ochr arall. Yno ein tri yn ifanc braf ac yn mwynhau'r golygfeydd. Rhoi munud bach iddi cyn troi'n ôl. Pawb yn eistedd neu ledorwedd yn well wrach. Robert a minnau yn holi Meri, lle y bu yn gweini a thipyn o hanes ei theulu. Hithau'n gofyn ambell gwestiwn, ond nid llawer.

Codi i gychwyn yn ôl. Meri yn dal i eistedd. Cofiaf byth imi gynnig fy llaw i'w helpu i godi. Hithau yn derbyn fy help gan wasgu fy llaw a dyma y tro cyntaf erioed inni gyffwrdd â'n gilydd. Ac o! gresynwn fod Robert yno.'

O edrych yn ôl, daeth â hanes y noson obeithiol honno i ben gyda brawddegau dirdynnol, 'Nis gwn yn iawn, ond rwyf bron yn siŵr, mai dyma'r tro cyntaf i Meri fynd dros y bont newydd. Cofiaf, o cofiaf, sut yr aeth y tro olaf trosti', gan gyfeirio at ddydd ei hangladd.

Wedi dechrau ymgynefino â'i gilydd, a'u cariad yn dechrau gwreiddio, aeth y ddau dros y bont newydd sawl tro wedyn. Un canol wythnos, clywodd Dafydd fod y *Cheap Jack* – a gwerthwr llestri fyddai hwnnw – yn dod i Abersoch y nos Sadwrn ganlynol a cheisiodd drefnu oed. Roedd gwraig y ffarm, Margaret Roberts, eisoes wedi rhoi cynnig i Meri i fynd yno hefo hi, gyda'r atodiad na fyddai'n dychwelyd:

'"Felly," meddai Meri, "mae'n well gennyf aros gartref yma gan fod Abersoch mor ddieithr imi a'r ffordd yr un fath, a'r dydd yn dechrau byrhau rŵan. Pe buasai gennyf gwmni rhywun wyf yn ei nabod buaswn yn lecio'n arw cael rhoi tro bach o'r lle yma, a gweld dyn y llestri gan na welais *Cheap Jack* erioed". Gofynnais innau iddi a gawn ni fod yn gwmni yn ôl iddi. Dywedodd y buasai'n ddiolchgar iawn imi, os oeddwn o ddifrif yn addo hynny; y dywedai wrth Mrs Roberts ei bod am ddod. Ac felly bu. Torrodd hi yn rhydd oddi wrth Mrs Roberts yn fuan. Cerddasom adref i Benbont yn ara deg dros Allt Frongaer gan fwynhau bob cam o'r ffordd, ac anghofio pawb a phopeth. O! funudau bendigedig. Roeddym ein dau mewn rhyw fyd newydd, byd cysegredig iawn inni. Dyna'r tro cyntaf inni ein dau, a neb arall, gydgerdded â'n gilydd. Hiraethem am yr un profiad ar ôl hynny, ac o dro i dro cawsom lawer orig debyg.'

Penbont, Llangian, o lethrau Fron-gaer gyda'r ffordd sy'n ymestyn o gyfeiriad Llangian a thros Afon Soch.

Mae'n syn meddwl, erbyn heddiw, mai perthynas y ddau â'i gilydd fu achos eu gwahanu, Glangaeaf 1912. Roedd Meri eisoes wedi ailgyflogi ac yntau heb wneud hynny. Dyna'r pryd y daeth y teulu, meddai, i ddeall 'ein bod yn ormod o ffrindiau inni gael aros ein dau yn Penbont wedyn'.

Wedi'r orfodaeth i adael, symudodd i weini i Aberuchaf, ffarm 60 acer neu well ar safiad hyfryd uwchben yr harbwr yn Abersoch. Cyn y Rhyfel Byd Cyntaf roedd gan Hannah Elizabeth Williams, y perchennog – a amaethai'r tir, yn ogystal â gwerthu llefrith – fusnes yn gwerthu glo, blawdiau a llwch esgyrn. Mae'n wir mai cael ei gyflogi'n gertmon wnaeth o, i ofalu am y ceffylau, ond yn Aberuchaf cariwr oedd o i bob pwrpas.

Bryd hynny, roedd yna stemar fechan o'r enw *Rebeca* yn cario blawdiau i Borthmadog a Phwllheli, a'i waith rai dyddiau o'r wythnos oedd mynd i Bwllheli hefo wagen a dau geffyl i gyrchu tunnell neu ragor o flawd. 'Byddai tunnell neu well o fran,' meddai, 'yn llwyth gwerth ei weld â tharpowlin mawr trosto oni byddai'n braf iawn. Enw Hannah Elizabeth Williams ar ddwy ochr a finnau ar ben y cwbl . . . Gwerthid y blawd i ardal Llanengan a Mynytho; deuai rhai i'w nôl ond danfonid y rhan fwyaf.' Gan amlaf, gwas arall, gyda char a merlyn, a wnâi'r danfon hwnnw.

Roedd cario glo'n stori wahanol eto ac mae'n gofnod gwerthfawr. Rhydd i ni gip pur wahanol ar bentref gwyliau Aber-soch cyn y Rhyfel Byd Cyntaf:

'Deuai llongau neu'r un long ran amlaf â'r glo i draeth Abersoch – yr hen *Oenovian* rhan amlaf gyda rhyw lwyth o 140-150 tunnell ar y tro . . . Deuai cariwrs Mynytho yno bron bob dydd am lwythi o lo i hwn ac arall . . . Caem y llong yn wag fel rheol mewn rhyw bedwar teid oni fyddai'r dŵr wedi troi cyn i'r llong ddod. Cario rhyw 35 i 38 tunnell y teid, rhyw chwe awr dda o amser fyddai hynny fel rheol . . . Byddai ceffylau'r ffarmwrs ofn garw tua'r llong. Lot o hwyl ambell dro. Byddai'n sobr ar y glaw, llwch y glo gan ei fod mor sych yn y llong yn glynu yn ein crwyn a'n dillad, a'r un fath wrth chwysu yn yr haf pan yn boeth iawn. Byddem yn dduon fel glowyr ac yn anodd iawn

*C*ariwr oedd un a gludai nwyddau, yn ôl y gofyn, o'r dref ac o'r porthladdoedd i gefn gwlad. Âi i Bwllheli yn wythnosol, neu'n amlach weithiau, gyda wagen a dau geffyl i gyrchu blawd. Cyfeiriodd at Charles Williams, ei dad yng nghyfraith, yn cario i Felin Mellteyrn, Sarn; 'canlyn mulod y felin i nôl a danfon blawd ar hyd a lled y wlad'. Byddai 'Ann Wilias, Gremp' yn cario rhwng Pwllheli a Mynytho. Ei gwaith, yn ôl Dyfed Evans, mewn darlith a gyhoeddwyd, *Yn y Mynydd Hwn*, oedd 'mynd i nôl glo efo trol a mul i'w werthu'n fân fesul ffiolaid'. Wedi'r penderfyniad i beidio ag ymestyn yr A5 cyn belled â Phorth Dinllaen, ac i'r trên beidio â theithio ymhellach na Phwllheli, bu Llŷn, fel cynt, am flynyddoedd yn ddibynnol ar y môr i fewnorio ac allforio nwyddau.

ymolchi yn lân . . . Gwerthid glo i ysgolion y cylch, Sarn Bach, Mynytho, Llanbedrog, Pontygof, Llaniestyn a Dinas. Rhaid fyddai ei ddanfon yno a'i roi i mewn. Danfonwn lawer iawn o lo hefyd i dai Abersoch, ei roi mewn bagiau a'i gario i fewn; cawn ambell chwechyn weithiau am y gwaith hwn ond dim byd yn yr ysgolion.'

Yn naturiol, amrywiai'r archebion yn ôl angen y cwsmeriaid, eu moddion a maint y wagenni oedd ar gael. Byddai pum cant o lwyth yn ddigon i drol a mul; gyda merlyn cryf rhwng y siafftiau gellid cario cymaint â deg. Roedd dwy drol Plas Nanhoron yn cario tunnell yr un. Yn y pegwn arall, archeb 'Sian Bardey' (Jane Jones) o Langïan oedd 'phioled o lo', a'i gario adref wedyn; 'Costiai bedair ceiniog iddi a châi rhyw dair neu bedair shefliad; merch ddibriod oedd hon, a chanddi bedwar neu bump o blant, a golwg dlodaidd iawn arni'.

Yn nhymor gwyliau, câi'r certmon a drodd yn gariwr waith cludo ychwanegol. 'Cariwn lawer o *luggage* ymwelwyr o'r dref efo'r car mawr a'r ceffyl melyn. Eu nôl weithiau'n hwyr a'u danfon yn fora dro arall at ryw drên arbennig. Disgwylid i mi gario'r cwbl i mewn os na fyddai rhywun arall ar gael, i'r llofftydd a phob lle.' Roedd pentref pysgota Abersoch erbyn hyn yn dechrau esblygu i fod yn bentref gwyliau a 'Miss Williams', yr *entrepreneur*, mae'n amlwg, yn synhwyro'r posibiliadau.

I ysgafnhau pob llwyth roedd Meri, ei gariad, yn dal ym Mhenbont ac o groesi dros y Fron-gaer doedd yna fawr o bellter rhwng y ddau le. Os na fyddai'r tywydd yn eithafol iawn dalient ar y cyfle i gwrdd â'i gilydd yn wythnosol, bron. Fodd bynnag, yr haf dilynol, 1913, gadawodd Meri Ben-bont a dychwelyd i weini i Felin Uchaf, ym mhlwyf Aberdaron, lle bu rai tymhorau cyn hynny. O'r herwydd, taro ar ei gilydd dair neu bedair o weithiau fu'u hanes y tymor hwnnw.

Naill ai'r carmon yn beicio i gyffiniau Felin Uchaf neu'r ddau yn cwrdd â'i gilydd ym Mhwllheli pe deuai cyfle.

Roedd rhieni Meri – Charles ac Ellen – wedi cyfarfod â'i gilydd pan oedd Charles yn gweini ym Mhunt-y-gwair, ym mhlwyf Llanengan, a phenderfynu priodi. Nid oerni yn y garwriaeth a barodd i Meri ddychwelyd i'w hen gynefin ond ei mam, Ellen, yn 'gadael cartref' a hithau mae'n ddiamau am fod yn nes at ei thad. Er i Elin, plentyn cyntaf y teulu – 'yr harddaf un o'r plant', yn ôl ei thad – farw'n ferch ifanc y brofedigaeth fwyaf i'r teulu yn ddiamau oedd y fam yn gadael yr aelwyd.

O ochr ei mam roedd Meri'n ddisgynnydd i Siarl Marc, pregethwr a phrydydd ac un o arweinyddion amlycaf Methodistiaid Llŷn yn y ddeunawfed ganrif. Yn ôl 'Brithgofion', wedyn, roedd ei thaid, o ochr ei mam – dyn môr – yn gryn dipyn o gymeriad:

'Mam Meri yn un o Uwchmynydd, yn ferch i un a adwaenem ni blant ysgol Sarn Bach yn Harri Aberdaron – hen longwr, yn rhyw fath o

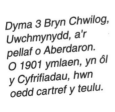

Dyma 3 Bryn Chwilog, Uwchmynydd, a'r pellaf o Aberdaron. O 1901 ymlaen, yn ôl y Cyfrifiadau, hwn oedd cartref y teulu.

Messenger, cartref 'Harri Aberdaron' a'i gi a'r llygod ar fin y dŵr yn Aber-soch.

gapten ar longau bach a hwyliai gyda'r glannau. Roedd yn berchen a chapten llong bach a gariai o 80 i 100 tunnell o'r enw *Messenger*. Bu yn byw ei hun yn yr hen long ar draeth Abersoch am flynyddoedd; ef a'r llygod mawr a chi bach gwyn a'i dilynai i bob man. Bu am ysbaid yn cario Teligrams o Abersoch at ochrau Cilan a Bwlchtocyn; ar y neges honno y gwelem ni, blant ysgol Sarn Bach, ef. Pur anaml y byddai hynny.'

Yn ôl Anna Jones, y Daflod, hanesydd lleol, 'Dywedir y byddai'n llenwi'r llong â thywod a byw ynddi ym Mhenlan, Aber-soch, dros y gaeaf. Pan ddôi tywydd tynerach byddai Harri a'i gi, Prins, yn hwylio o gwmpas Pen Llŷn a hyd yn oed i fyny am afon Merswy'. Dadgofrestwyd y *Messenger* yn 1907, 'converted to dwelling at Abersoch'. Yn ôl erthygl yn *Lleufer*, Gaeaf 1947, bu'r Athro J. Glyn Davies, awdur *Cerddi Portdinllaen*, wrth ei llyw ar fordaith allan o Enlli i Aber-soch. Fodd bynnag, marw ym Mhenbryn Bach, Uwchmynydd, 4 Mai 1919, fu hanes Harri Aberdaron a'i gladdu, nid yn y môr, ond ym mynwent Aberdaron.

Y swm o £14-0-0 y tymor oedd y fargen pan gyflogodd i fynd i Aberuchaf. Ar bapur, mae'n edrych yn gryn godiad cyflog er y £3-5-0 a enillai pan ddechreuodd weini chwe blynedd ynghynt. Ond ar ben tymor roedd arno chwant cael ychwaneg:

'Gofynnodd Miss Williams i mi aros yno wedyn. Gofynnais innau am bunt yn fwy yn fy nghyflog. Dychrynodd hithau, ni roddodd ac ni roddai fwy i neb yn gertmon na £14 y tymor. Nid oedd yn lle mor braf gan fy mod allan bron ar bob tywydd a gwlychu llawer iawn. Es i'r ffair, er y gwyddwn mai siawns go wan oedd imi gael £14 yn unlle heb sôn am fwy. Ond bûm yn ffodus i daro ar ffermwr dieithr o Eifionydd a chefais £17-10-0 o gyflog. Methai fy nhad â chredu imi gael cymaint.'

Ar ben tymor, maint y cyflog oedd asgwrn y gynnen gan amlaf. Ar y pryd, amharod oedd hyd yn oed y ffermwyr mwyaf brigog i fynd i'w pocedi ar unrhyw achlysur. Er enghraifft, pan oedd o ym Mhen-bont daeth cynllun yswiriant iechyd ac ymunodd yntau â Chymdeithas Pen Llŷn; golygai bedair ceiniog yr wythnos, o boptu. Oedi talu ddaru Owen Roberts, a ffarmwr Tal-y-sarn, 'nes iddyn nhw gael eu dychryn'. Yna ychwanegodd, 'Daeth rhyw swyddog i Dalysarn; talodd Richard Thomas ar unwaith. Pan glywodd Owen Roberts hynny talodd yntau am ei fywyd.' Roedd Miss Williams, Aberuchaf, mae'n amlwg yn fwy hunanfeddiannol.

'RHWNG DWY AFON YN RHOS-LAN'

*M*i ges fy magu gartra,
Ni ches i 'rioed ddim nych,
Ym Mach-y-saint eleni
Rwy'n byw ar fara sych;
Hen bennog ar yr efal
A hwnnw'n ddrwg 'i flas,
Ond mi wyddoch am
Gadwalad',
Gŵr calad wrth 'i was.

Ym Mach-y-saint annifyr
Mae gwely trwmbal trol
Lle bûm i'n treio cysgu
Ar hanner llond fy mol.
A chig yr hen hwch focha
Yn wydn a di-flas,
Ond fe wyddoch am
Gadwalad',
Gŵr calad wrth 'i was.

Yn ystod fy nyddiau ym
Mhorthmadog, clywais y
diweddar William Rowlands
– prifathro, llenor a
gramadegwr – yn canu'r
faled. Fe'i ceir yn llawn yn
Cerddi Eryri, Carneddog. Yr
arfer, mae'n debyg, oedd
newid enw'r ffarm yn ôl y
galw.

Yn nhermau ymfudo i wlad arall, bron, mae'n sôn amdano'i hun yn symud i Eifionydd yn Nhachwedd 1913. Serch y Rudge Whitworth, 'handi iawn', mae'n amheus gen i a fu, cyn hyn, fawr pellach na Phwllheli neu bendraw Llŷn. Wn i ddim ai'r newid gwlad ai peidio a barodd iddo ystyried y lle newydd yn fath o seithfed nef. Arall oedd profiad un gwas ffarm o Fynytho, a phrydydd, a adawodd Lŷn i weini ym Mach-y-saint yn Eifionydd.

Pobl ifanc oedd yn ffarmio Betws Bach a dau o blant, 'hogyn tua thair oed, pengoch, doniol iawn, a hogan fechan iawn'. Roedd y ffarmwr, Robert Davies, ac yntau wedi taro ar ei gilydd yn y ffair Glangaeaf ym Mhwllheli ac wedi taro bargen:

'Rhoddodd ef y cyfeiriad yn ysgrifenedig imi a finnau'r un fath iddo yntau. Clywed pob stori am y lle, rhai'n peri i mi dorri fy nghalon a pheidio byth fynd yn agos i'r lle. Ond roeddwn yn benderfynol o weld y lle ac aros yno am dymor os na byddai'n rhyw le ofnadwy iawn. Euthum yno efo'r trên bedwar o Bwllheli, y beic, y coffr a minnau. Cyrraedd gorsaf yr Ynys a hithau yn llwyd nosi gan mai glangaeaf ydoedd. Holi am y lle a chael pob help, ac ar gefn fy meic â fi a chofiaf mor hegar yr oedd y ffordd yno. Cyrraedd y lle a hwythau'n godro; cael benthyg y ferfa, ac i'r orsaf i nôl fy mocs.'

Y peth cyntaf a wnaeth wedi dychwelyd o stesion yr Ynys, serch ei flinder – a hithau wedi llwyr nosi erbyn hynny – oedd 'cael golwg ar y stabl a rhai o'r ceffylau oedd i mewn'. Erbyn mudo i Fetws Bach yn Eifionydd, yn geffylwr wrth ei grefft erbyn hynny, rhydd ddisgrifiad hyfryd o'r stabliad ceffylau yno ar ei gyfer. Yn wir, mae'r canlynol yn enghraifft loyw o'r hyn a geir ganddo drachefn a thrachefn wrth iddo sôn am geffylau'r naill stabl ar ôl y llall:

'Pump o geffylau oedd yno, cochion i gyd; caseg chwech i wyth oed hwylus iawn; merlen gaseg bump oed, handi sobor; ebol yn codi'n ddwy oed a weithiwyd yn y gwanwyn; cyw; a cheffyl mawr yn codi'n bedair oed - hen geffyl hegar a chas iawn, yn enwedig i mewn nes iddo ddod i nabod rhywun. Un wedi ei brynu yn Sir Fôn y gaeaf cynt a joci o'r Sir honno wedi bod yno yn ei arfer i weithio. Dywedodd Robert Davies wrthyf am beidio rhwbio fawr ynddo ar y dechrau a bod yn hollol ddistaw. Cododd hynny dipyn o ofn arnaf . . . Ni phorai Lion ddim os clywai leisiau dieithr yn y stabal. Roedd arno ofn sŵn trol wag; os byddai llwyth byddai'n iawn, yn y bôn neu'r blaen, neu'r drol ar gae heb sŵn, ond gwae chi wrth ddod o'r cae i'r lôn os byddai'r drol yn wag. Nid oedd modd cael ei well i redig yn bwyllog braf yng nghanol cerrig . . . Pan aem â Lion yno [i Roslan i'w bedoli], os na fyddai'r lle'n wag, byddai rhaid cadw draw o'r efail nes y gelwid ni i mewn. Bu Lion yn mynd adref lawer tro heb ei bedoli, wedi methu â gwneud hynny'r gaeaf cynt, meddai'r gof.'

Pedoli 'Lion', neu ei debyg, a'r gofaint wrth eu gwaith.

Yn ôl atgofion rhai o'i theulu dioddefai o anhwylder meddwl, ac fel nifer eraill o Lŷn yn y dyddiau hynny cafodd ei hanfon i'r ysbyty yn Ninbych – y Seilam fel y'i gelwid ar y pryd. Aeth Clwyd Wynne – un a fu'n gweithio yn yr ysbyty mewn cyfnod diweddarach – i'r drafferth o ymchwilio ar fy rhan. Yn ôl y cofnodion, derbyniwyd Ellen Williams, Bryn Chwilog, i'r ysbyty 18 Tachwedd 1913. Fe'i disgrifid fel gwraig briod, 53 oed, a mam i wyth o blant. A'i hafiechyd oedd 'Delusional Insanity' o ganlyniad, meddid, i wynebu anawsterau ariannol a bagad gofalon. Yn ôl nodyn meddygol, dyddiedig Hydref 1914, gallai siarad yn rhesymol ar wahân i'r adegau pan ddeuai enw'i gŵr i mewn i'r sgwrs. Credai ei fod yn briod â sipsi. Ni siaradai â neb, oni bai iddi gael ei chyfarch, a gwrthodai ymgymryd ag unrhyw orchwyl.

Wedi'r chwithdod a deimlodd y dyddiau cyntaf un, cymerodd at y teulu a'r ardal fel cath at lefrith. Aeth Meri, hefyd, yn bellach fyth oddi wrtho; mor bell ag Uwchmynydd. Un peth a gofnododd oedd i'w mam, ddechrau gaeaf 1913, adael yr aelwyd – 'mynd i ffwrdd' ydi'r ymadrodd – ond heb fanylu, ar y pryd, naill ai pam yr aeth hi nac, ychwaith, i ble. 'Aeth hithau,' meddai am ei gariad, 'adref at ei thad a'i brodyr, gan ddisgwyl ei mam yn ôl yn fuan y pryd hwnnw.' Felly, oherwydd yr amgylchiadau, dim ond unwaith y bu i'r ddau daro ar ei gilydd yn ystod gaeaf 1913 a hynny yn y Ffair Newydd ym Mhwllheli, ffair gynta'r flwyddyn. Yn ôl Elfed Gruffydd yn ei gyfrol, *Llŷn*, Cyfres Broydd Cymru, i gael cynhaeaf mewn da bryd roedd hi'n nod gan ffermwyr ardal Llangwnnadl ddarfod aredig cyn Ffair Newydd. Cafodd beth braw o weld newid ynddi:

'Roedd wedi ysgafnu llawer ac wedi teneuo'n arw, ond yr un oedd hi trwy'r cwbl. Edrychai'n ddelach i mi wedi gwisgo dipyn. Cofiaf ei bod yn dywydd mawr y ffair honno, yn wlaw trwm trwy'r bora. Roeddwn wedi hwylio i fynd efo'r hen feic, rhoi gwynt ynddo a rigio'r lamp ac oelio'n barod gan na fûm ar ei gefn ond dydd Nadolig . . . Ond gan ei bod yn bwrw eis gyda'r trên o'r Ynys. Ofnwn na fuasai Meri yno oherwydd y tywydd ond roedd yno o'm blaen efo'r Frêc o Uwchmynydd. Ffair

61

Newydd yn ffair fawr yr adeg honno; diwrnod fel diwrnod o ŵyl ar y ffermydd i gyd bron. Stopiodd fwrw at y pnawn a chawsom ychydig amser gyda'n gilydd. Rhaid oedd ffarwelio, Meri am Uwchmynydd, y Frêc yn cychwyn tua phump o'r gloch a minnau am Eifionydd efo'r trên saith.'

I Dafydd Jones (a hwyrach mai fel yna y cyfeirid ato wedi iddo newid gwlad) daeth Betws Bach i'r brig ar ddau gyfrif a gyrru ffermydd Llŷn, fel yr awgrymwyd, ymhell i'r cysgod. Un rhagoriaeth oedd y llofft oedd yno. Ym Metws Bach, nid llofft uwchben y stabl oedd yno ond 'yn ystafell glyfar iawn, ffenest braf yn agor yn hwylus' yn union uwchben y gegin.

*Y*n ystod ei dymhorau'n gweini, y llofft stabl fu aelwyd Dafydd Jones am flynyddoedd meithion. Yn amlach na pheidio, ond nid bob tro, llofft yn union uwchben y stabl fyddai hi a grisiau'n codi iddi, naill ai o'r stabl ei hun neu o'r tu allan i'r adeilad. Beth bynnag am arogl tail yr anifeiliaid, ar dywydd oer byddai chwys y ceffylau'n cynhyrchu gwres canolog. Yno y cysgai ac yr ymolchai'r gwas ac yno y cadwai ei ychydig eiddo. Roedd iddi beth preifatrwydd. Casglai'r gweision yno wedi swper, gydag eraill yn talu ymweliad, i gymdeithasu, trafod a mwynhau adloniannau megis chwarae cardiau, taflu dartiau, rhigymu neu ganu. Bu gan Huw Jones unwaith ddarlith – un a recordiwyd – am fywyd yn y llofft stabl yn yr hen amser. Honna Emlyn Richards yn *Ffarmwrs Môn* mai ei frawd, Harri, ac yntau oedd y rhai olaf yn Llŷn i fyw a chysgu mewn llofft stabl.

Y stabl, fel adeiladwaith yn union fel roedd hi pan gyrhaeddodd Dafydd Jones Betws Bach yn 1913.

*R*oedd bara llaeth i frecwast yn bryd rhad a hwylus i'w baratoi. Bara wedi'i dameidio i ddysgl neu grochan oedd hwnnw a rhoi llaeth enwyn wedi'i ferwi – llaeth sur oedd yn weddill wedi sesiwn o gorddi – ar ei ben. Yr oedd llaeth enwyn, hefyd, yn ddiod barod i ddyn ac anifail. Ar dro ceid llymru i frecwast. Bara ceirch wedi'i fwydo â llaeth enwyn oedd hwnnw a'i adael am gyfnod i dewychu cyn ei ferwi. (Weithiau, tatws llaeth a fyddai hi wedyn i ginio.) Llaeth enwyn a bara ceirch oedd siot ond weithiau'n cynnwys cig, wedi'i ferwi, yn ogystal. Fel y gwelir, llysenw morwyn y bu'n cydweini â hi yn Eifionydd oedd 'Neli Bara Llaeth'.

Yr ail beth oedd y brecwast a geid yno. Meddai, 'Bara llaeth fyddai hyd ffermydd Llŷn yn y gaeaf a thipyn o fara llefrith yn yr haf yn lle potes. Ond yma dyma fara ceirch a hwnnw'n frau a da iawn.' Hwyrach y dylid rhoi peth o'r clod am safon yr ymborth i Nel o Feddgelert oedd yn forwyn yno. Eto, serch y bara ceirch brau, fel 'Neli Bara Llaeth' mae'n cyfeirio ati. Hithau, mae'n amlwg, yn ferch wahanol, 'ni siaradai â gwas os byddai'n llanc. Felly ni ddywedodd ddim wrthyf finnau . . . Ofnai i lanc fynd yn rhy hyf arni a hithau am briodi ffarmwr.'

Unwaith y bu gartref yng Nghrowrach yn ystod y tymor cyntaf, a hynny ar ddydd Nadolig. Marchogaeth y Rudge yn ôl a blaen fu'i hanes a golygai hynny'n agos 40 milltir o daith i gyd. Âi yn amlach pan ddaeth tymor yr haf; cychwyn ar ôl te bnawn Sadwrn a chyrraedd yn ôl erbyn gwely nos Sul. Wn i ddim ai man gwyn fan draw oedd hi – go brin – ond pan oedd yn hwylio i ymadael â'r lle cafodd Betws Bach ac Eifionydd lechen lân ganddo: 'Bûm yn y lle hwn am flwyddyn a dois i nabod gryn dipyn o'r trigolion.' Yna, ychwaengu: 'Trodd y lle i fod i mi'r lle gorau a welais cyn hynny'. Unwaith y bu i Meri ac yntau gyfarfod yn ystod ei ail dymor ym Metws Bach. Erbyn hyn, roedd chwaer i Meri yn byw yn yr Erw yn ardal Rhos-fawr a aeth Meri ati i aros. Cafodd y ddau orig yng nghwmni'i gilydd wrth Bont Rhydygwystl ar gyrion y Ffôr; Meri wedi cerdded i'w gyfarfod ac yntau wedi reidio i'r cyfeiriad ar ei feic.

Tŷ ffarm Betws Bach cyn y Rhyfel Byd Cyntaf.

Roedd Gromlech, ffarm ar gyrion y Ffôr, yn ysgafnach lle iddo – 'ond nid llawn cystal am fwyd wrach'. Symudodd yno Glangaeaf 1914. Dwy chwaer dros eu 70 oed – Margaret a Laura Roberts – oedd yn amaethu Gromlech. 'Rhai drwgdybus a digon rhyfedd' oedd ei farn amdanynt ar y dechrau ond wedi iddo ennill eu hymddiriedaeth fe'u cafodd 'yn gymeriadau cywir a ffyddlon i'r eithaf'. Roedd y llofft stabl, hefyd, yn ei blesio, 'llofft gysgu ddigon diddos, dim lle tân na dim. Drws a ffenestr yn wynebu'r de a chwt bwyd y ceffylau otani. Clywem dwrw'r ceffylau o'r llofft.' Arhosodd yno am bum tymor ac ychydig wythnosau.

Os oedd Gromlech yn ysgafnach lle i'r certmon nid felly i'r forwyn. 'Roedd Gromlech,' meddai, 'yn lle trwm iawn i forwyn'. Jane Tŷ Nant, Aberdaron, oedd y forwyn honno ac aeth yn wael cyn diwedd ei thymor – y gorweithio, o bosibl – a bu rhaid cael un arall i lenwi'r bwlch.

Yn y 'Brithgofion' mae'n sôn cryn dipyn am fyd caled morynion ffermydd. Ceir cyfeiriad at eu caledwaith yn y gyfrol *Cwm Eithin* ond gwnaeth Dafydd Jones gystal os nad gwell apologia ar eu rhan ac adrodd stori ei ddyweddi yr un pryd. Nid cyfeirio at yr amgylchiadau yn Gromlech yn unig mae o, ond ategu profiad rhai fel Meri oedd yn ddarpar wraig iddo erbyn hynny. Yn ystod haf 1905, a hithau ond 12 oed, fe'i hanfonwyd allan i weini i ardal Tŷ Mawr, rhwng Pengroeslon a Sarn Mellteyrn, gyda chyfle i fynd i Ysgol Bryncroes. (Yn ôl *Y Lôn Wen*, deg oed oedd mam Kate Roberts yn dechrau gweini a bu hithau am 'ryw gymaint yn yr ysgol, yn Rhostryfan' ond roedd hynny genhedlaeth ynghynt.) Ni chafodd ganiatâd i dalu ymweliad â'i chartref unwaith yn ystod y tymor rhag ofn na ddychwelai. Ymhen y flwyddyn, fe'i cyflogwyd i fynd yn forwyn fach i'r Bryn, ffarm yn ardal Penycaerau (at rai o fy hynafiaid i, mae gen i ofn) a chael mynd i'r ysgol yn y pnawniau – Ysgol Llidiardau, dybiwn. Arhosodd yno am bum tymor, o Fai 1906 hyd Dachwedd 1908:

'Dau frawd a chwaer oedd yn ffarmio'r lle; roeddynt yn ffarmio lle arall hefyd [Morfa Mawr, Aberdaron]. Gweithiai'n galed yno o chwech y bora hyd wely'r nos. Druan o'r genod yr adeg honno. Nid rhyfedd i Annie Williams, yn 1916, roi'r teitl awgrymog *A Detested Occupation?* i'w hastudiaeth o fywyd morwynion yng Ngogledd Cymru rhwng 1800 a 1930. Roedd yn wir ddrwg ar y gweision ond llawer iawn gwaeth ar y forwyn; fawr iawn gwell na bod yn y carchar. Ni châi symud cam heb ofyn caniatâd ar unrhyw awr o'r dydd. Berwi boelar y moch ar ôl noswyl y gwas, neu weu, neu drwsio dillad. Dim amser i ddarllen a dim i ddarllen. Caent fynd i'r capel ar y Sul, wedi gwneud pob dim bron fel rhyw ddydd arall . . . Gorfod mynd, pan fyddent yn cario gwair, i hel neu gribinio brasion ar ôl y rhai a godai'r gwair yn y cae, o ginio hyd de. Wedyn nôl y gwartheg o'r Morfa, y lle arall. A chant a mil o bethau eraill.'

Er bod y Rhyfel Mawr, erbyn hyn, ar ei ffyrnicaf roedd yna rai cysuron. Bellach, oherwydd bod ei chwaer yn byw yn yr ardal mae'n debyg, daeth Meri i weini i'r fro ac aeth y cwlwm rhwng y ddau'n un tynnach fyth, 'Caem weld ein gilydd yn bur aml ar ôl hynny ac aem o hyd yn fwy ffrindiau os oedd hynny yn bosibl.' Yna, ychwanega, 'Ein dau'n ifanc heb ddim yn ein poeni ond y sôn am orfodaeth filwrol.' Roedd hynny wrth y drws.

*Y*mhlith y 'cant a mil o bethau eraill' roedd corddi. Gwaith y forwyn – neu'r gwas bach, ar dro – oedd y gwaith hwnnw. Wedi gadael yr ysgol, i weini ym 'Mryncelyn Min', roedd Dafydd Crowrach yn gynefin â'r gwaith. Fel y nododd, tair buwch oedd yno. Ond gyda 'buddai fach un potiad', gallai olygu 'corddi ddwywaith mewn diwrnod'. Cŵn yn cerdded rownd a rownd ar olwyn oedd yr arfer unwaith, a cheffylau yn yr un modd. Roedd yna hen olwyn gorddi ar y buarth pan o'n i'n blentyn. Yna, daeth y fuddai ben-dros-ben, *end-over-end*, yn cael ei throi gan fôn braich. Gallai'r gwahanwr a ddaeth yn ddiweddarach – 'separêtor' oedd y gair yn Llŷn – wahanu'r hufen oddi wrth y sgim ac felly gyflymu'r gwaith.

3   'Ac roedd hi'n rhyfel'

Dyddiau ymrestru'n wirfoddol oedd hi y misoedd cyntaf wedi i Dafydd Jones gyflogi yn Nhachwedd 1914 i fynd i weini i Gromlech, ffarm ar y ffordd allan o bentref Fourcrosses i gyfeiriad Pwllheli. Mae'r papurau newydd a fyddai at ei ddant, megis *Yr Udgorn* a'r *Herald Cymraeg*, yn frith o gyfeiriadau at gyfarfodydd recriwtio ar hyd ac ar draws Llŷn ac Eifionydd. Bûm yn meddwl, a fu iddo wedi noswyl y nos Wener olaf o Ebrill 1915 oelio'i feic a mynd i Bwllheli, drannoeth, i'r Ffair Glamai ac i wrando ar John Williams, Brynsiencyn, yn recriwtio yn Neuadd y Dref. Go brin, hwyrach, neu byddai wedi cael ei ddal gan ei huodledd ac ymuno yn y fan a'r lle.

Unwaith y pasiwyd Deddf Gwasanaeth Milwrol yn nechrau 1916, yn rhoi gorfodaeth ar ddynion oedd rhwng 18 a 41 i ymuno, roedd y sefyllfa wedi newid; gorfodaeth oedd hi, bellach, nid apêl i wirfoddoli. Roedd yna, wrth gwrs, hawl i apelio yn erbyn yr orfodaeth:

'Bu Miss Roberts [Gromlech] yn apelio trosof unwaith neu ddwy. Rhaid oedd llenwi'r Ffurflen gyntaf ar unwaith pan ddaeth y Ddeddf i rym yn Chwefror,1916, a chefais fy esgusodi dan Bentymor ym Mai, 1916. Apeliodd Miss Roberts trosof ddechrau Haf a rhyddhawyd fi tan ddiwedd Hydref, a phawb tebyg i mi o dan 25 oed, a dim rhyddid i apelio ar ôl hynny . . . Cyflogais y gaeaf hwnnw wedyn yn Gromlech, er fy mod i a Miss Roberts yn gwybod nad oedd fawr obaith am orffen y tymor.'

Dydd Sadwrn, 5 Chwefror 1916, ac yntau wedi'i ryddhau dros dro, derbyniodd newydd drwg am waeledd ei nain – 'Mam Non', fel y byddai'n cyfeirio ati – un a fu, fel y pwysleisiwyd, yn ail fam iddo:

'Anfonodd mam air i ddeud ei bod yn wael a bod y meddyg yn dweud na chodai mwy, a'i bod yn dymuno fy ngweld o hyd. Cefais y gair ddydd Sadwrn ond nid oedd gwahaniaeth rhwng dydd Sadwrn a rhyw ddydd arall i'r gweithiwr tir yr adeg honno. Penderfynais fynd fore Sul wedi gwneud y ceffylau i fyny, ond fel y digwyddodd roedd yn Sul mawr, bwrw glaw a chwythu trwy'r dydd. Ni allwn feddwl mentro y daith ar feic ac felly nid euthum. Collais trannoeth i fynd; euthum ben borau, ac wedi imi gyrraedd i olwg Crowrach gwelwn y llenni i lawr dros y ffenestri a deallais fod Mam Non wedi mynd. Wedi cyrraedd y tŷ dywedwyd iddi groesi yn ystod y nos Sul honno a'i bod wedi holi droeon ddydd Sul a oeddwn wedi cyrraedd. Methu yn lan â maddau i mi fy hun am beidio mynd y Sul, glaw neu beidio, ond ddychmygais i ddim fod y diwedd mor agos yn ei hanes.'

Ychydig cyn ei marw, ac yntau ar ymweliad â'i hen gartref, roedd ei nain wedi cael achlust ei fod yn canlyn. 'Dywedodd lawer tro pan ddigwyddwn gael gair â hi a neb arall yn y tŷ yr hoffai yn fawr ei gweld unwaith. Ond ni chafodd ei dymuniad.'

'*B*rydnawn Sadwrn', yn ôl *Yr Herald Cymraeg*, 'cynhaliwyd cyfarfod ymrestriadol yn Neuadd Drefol Pwllheli, dan lywyddiaeth Mr. Ellis W. Davies, A.S. Bu i'r milwyr sydd yn aros yn y dref, y rhai sy'n rhifo tua dwy fil, orymdeithio trwy y dref, a chan ei bod yn ddiwrnod ffair yr oedd llawer o bobl yn y dref. Llanwyd y neuadd i'r ymylon, a phan wnaeth swyddogion y Fyddin Gymreig eu hymddangosiad cawsant gymeradwyaeth fyddarol, yn enwedig y Parch. John Williams, Brynsiencyn, yr hwn sydd wedi ymuno a'r fyddin fel Caplan mygedol, ac wedi ei anrhydeddu a'r swydd o filwriad. Dyma y tro cyntaf i Mr. Williams wneud ei ymddangosiad yn ei wisg filwrol. Diweddodd ei araith â'r geiriau nad oedd 'dim byd yn fwy o ddisgyblaeth ar garictor dynion a chenedl na hunanaberth. Byddent, meddai, yn harddach a gloywach eu heneidiau ar ôl hyn.'

Ymdrodd Dafydd Jones yn hir wrth adrodd ei stori garu ond cyfyngodd hanes ei briodas â Meri i chwe brawddeg. Yn union fe petai'n anfon pwt o newyddion ardal i'r *Udgorn* neu'r *Herald Cymraeg* – a'r gofod yn brin:

'Ni fynnai Meri sôn am briodi mewn capel er y teimlwn i awydd iddi fod felly. Prynu modrwy yn Siop J. Gabriel Jones yn y dref. Priodi ar y trydydd o Fehefin 1916. Cael cinio yn yr Eifl Temperance Hotel yn y Stryd Fawr. John 'mrawd wedi addo bod yn was ond wedi ei alw i'r Fyddin y diwrnod cynt. Diwrnod braf ac awel pur gref.'

Dafydd Crowrach, yn sefyll, gyda chyfaill iddo.

Mae'n amlwg, felly, mai priodas ddi-ffrils fu hi, nid yn unig oherwydd tlodi'r cyfnod ond oherwydd, hefyd, y cwmwl rhyfel oedd bellach yn union uwch eu pennau. Cyn belled ag roedd hanes Dafydd, gwas Gromlech, yn y cwestiwn roedd y cwmwl hwnnw ar dduo ymhellach. Mis cyn y briodas penderfynodd y Llywodraeth dynhau'r orfodaeth filwrol. Cyn hynny, dynion sengl rhwng 18 a 41 mlwydd oed a dargedid ond o hyn ymlaen byddai gwŷr priod o dan yr un orfodaeth yn union.

'Daeth dechrau 1917 a dyma ddechrau hel *boys* y tir i'r Fyddin, a minnau ddydd ar ôl dydd yn disgwyl ac ofn cael Notis i ymuno. Cefais fy ngadael ar hyd mis Ionawr, ac o adeg ddigalon a diysbryd oedd a dim pleser i weithio. Ond ar y cyntaf neu'r ail o Chwefror dyma'r Notis yn cyrraedd, a ffarweliais â'r hen geffylau nos Lun y trydydd o Chwefror, 1917, a hithau yn eira mawr a rhew.'

Dywed iddo ffarwelio 'â'r hen geffylau, nos Lun y trydydd o Chwefror, 1917'. Y pumed oedd y nos Lun gyntaf yn Chwefror. Yr wythnos lawn gyntaf o'r mis oedd hi'n ddiamau a hithau'n 'chwipio rhewi, a'r ddaear yn wen o eira'. Pryd bynnag y dyddiad, rhydd yr argraff i'r ffarwelio â'r ceffylau fod yn weithred benodol ac emosiynol ar ei ran a gallaf yn hawdd gredu hynny. Fore drannoeth, yn blygeiniol, roedd o i ffarwelio hefyd â'i wraig a hithau'n disgwyl eu plentyn cyntaf.

AC I FFWRDD Â MI

Yn y fan hon, mae'n gadael ei hanes yn gweini ac yn neilltuo pennod helaeth i sôn am ei gyfnod yn y Fyddin. Fe'i hysgrifennodd yn nechrau'r tridegau. Bellach, mae o nid yn unig yn ffarwelio â'i deulu ac â'i alwedigaeth ond hefyd, am y waith gyntaf yn ei hanes, yn gadael cynefin am fyd a fyddai'n gwbl estron iddo. Yn nyddiau'r gweini yr un, i raddau, oedd y ddrama o ben tymor i ben tymor ond bod cymeriadau newydd o dro i dro yn ymddangos ar y llwyfan.

O ganlyniad i'r newid byd, ceir peth newid yn arddull yr ysgrifennu. Er enghraifft, mae mwy o dermau Saesneg yn britho'r gwaith oherwydd dyna a glywai o ddydd i ddydd. Ni feddyliodd, mae'n debyg, am roi cynnig ar eu cyfieithu – petai ganddo'r ynni a'r hamdden i geisio gwneud hynny. A bellach, wrth iddo adael ei gynefin, ceir peth dagrau yn gymysg â'r inc. Er enghraifft, ysgrifennodd yr hanes, a hanes ei fore cyntaf yn y Fyddin, yn fanwl a than gryn deimlad:

'Ac i ffwrdd â mi fore trannoeth [6 Chwefror 1917, mae'n debyg] am y trên o Chwilog i Fangor, ac o Fangor i Wrecsam; yno am ddwy noson yn y Barics. Anghofiaf i byth y noson gyntaf na'r adeg honno reit siŵr. Ym Mangor roedd y Swyddog Ricriwtio a rhaid oedd reportio yn ei swyddfa i gael papur pellach am Wrecsam . . . Cyrraedd Wrecsam fin nos, heb damaid o fwyd er y bore, a'r tywydd yn oer iawn . . . Wedi cerdded am ron bach rhaid oedd troi tua'r Barics am wely, a chawsom dair ystyllen hir a dau bren croes i'w rhoi o danynt. Dyma'r gwely'r noson gyntaf erioed yn y Fyddin, a thair plancet, rhai duon mawr ond cynnes iawn. Roedd stof â thân ynddi trwy'r nos yn y canol, ond trwy'r cwbl roedd yn oer iawn yno. Cysgais heb dynnu fy nhop côt, neu orwedd nid cysgu, dim ond tynnu fy ngholer a'm sgidiau. A dyna noson ofnadwy o hir - fawr neb yn cysgu yno, rhai yn siarad, eraill yn canu. Ben bora dyma filwr yno i'n deffro, neu i beri inni godi . . . Roedd yn rhaid inni ymolchi hefyd bob un yn y bora, ond o drugaredd roedd yno ddigon o ddŵr cynnes a lle pwrpasol i ymolchi hefyd. Wedyn brecwast a dyma ydoedd - dau bisyn o fara sych a phisyn neu sleisen fawr o frôn a mygiad o de. Roedd y te mor ddrwg fel y methais â'i yfed; teflais ef a rhoddais y brôn rhwng y bara ac i lawr ag ef.'

Mae'n cyfaddef fod yr archwiliad meddygol oedd i ddilyn y brecwast tlawd yn 'pwyso ar ei feddwl', fel ar feddwl y gweddill mae'n debyg. A phrofiad annymunol, yn ddiamau, i'r llanc swil o Ben Cilan oedd cerdded o gwmpas, a hyd yn oed prancio, ac yntau'n borcyn. Cafodd ei bwyso a'i fesur. Mae'r hyn a gofnodwyd yn cadarnhau fy syniad i – o'i weld o dro i dro, ac o'r lluniau ohono sydd ar gael – mai un gweddol fyr oedd ac o bwysau cymedrol:

'Cawsom ein hunain mewn ystafell fach, lle i un dynnu ei ddillad a'u cadw. Ac eistedd wedyn i gael ein pwyso, yn noethlymun ar gadair bwrpasol. Pwyswn i, mi gofiaf yn dda, 143 pwys. A sefyll hefyd wrth y stand i'n mesur yn gywir, yn noeth o hyd; mesurwn i bum troedfedd, pum modfedd a hanner. Ac wedyn i'r ystafell fawr gynnes lle yr oedd tua hanner dwsin o feddygon yn archwilio, pob un ei ddyn, ac un arbennig yn archwilio'r golwg. Golygfa ryfedd oedd gweld pump neu chwech o ddynion noeth yn neidio hyd y llawr er profi eu coesau a phob lol . . . Gwelais fy mod wedi pasio yn A1. Diolch ddylid am hynny, mae'n wir, ond o dan yr amgylchiadau credaf fod llawer un wedi diolch ei fod yn *Medically Unfit* i'r Fyddin, a chael troi tuag adref. Ac i fod yn onest wrach mai dyna fuaswn innau yn ei wneud pe cawn droi yn ôl rhywsut.'

A dyna'r unig fan yn y 'Brithgofion' mae'r awdur yn hanner awgrymu yr hoffai, pe medrai, gael troi cefn ar y Fyddin. Eto, credai'n ddiysgog y byddai'n cael ei arbed. Ysgrifennodd, 'Ofnwn yn fawr y ffosydd a'r cleddyfau neu'r bidogau. Ond gwaredodd yr Arglwydd fi yn wyrthiol rhagddynt.' Mae'r wythïen hon o gred mewn rhagluniaeth a goruwch-lywodraeth fel pe'n cerdded drwy'r gyfrol i gyd. Ffrwyth y Galfiniaeth a ddysgwyd iddo yn y capel, mae'n debyg. Hynny ydi, fod popeth wedi'i ragordeinio ac y byddai Un yn ei warchod.

I BARC MILWROL BETTISFIELD

Drannoeth, bore Iau, 8 Chwefror 1917, gadawodd y barics yn Wrecsam, gyda phump arall, a theithio i Barc Milwrol Bettisfield yn yr hen Sir Fflint, ar y ffin rhwng Cymru a Lloegr. I bob pwrpas, ysgol farchogaeth a thrin ceffylau oedd Parc Bettisfield. O'r herwydd, gellid tybio mai dysgu pader i berson fyddai hyn i un oedd eisoes wedi treulio

*H*en barc ceirw oedd Bettisfield, ac wedi'i addasu'n wersyll milwrol ar gyfer y Magnelwyr Brenhinol – gyda lle i dros 1,000 o filwyr. Un digon tebyg i Barc Cinmel ar gyrion y Rhyl, lle gwersyllai'r Fyddin Gymreig yn ystod y Rhyfel Byd Cyntaf – ond bod hwn yn fwy anghysbell, hwyrach. Wrth ymchwilio ar gyfer y gyfrol bûm yn cerdded y tir ond does fawr ddim arwyddion yn aros o'r gwersyll milwrol. Ym Mangor, wrth gofrestru, ei ddymuniad oedd cael perthyn i adran y Garsiwn o'r Magnelwyr, Royal Garrison Artillery. Mi dybiwn i, mai'r ceffylau a defnyddiai'r Gatrawd a fyddai wedi apelio ato. Gan fod yr uned honno'n llawn cafodd gynnig ymuno ag adran Magnelwyr Maes, Royal Field Artillery – 'ac am yr hyn fraint,' meddai, 'teimlwn yn ddiolchgar iawn'. Naill ai cludo, cynnal neu ddefnyddio arfau ar faes y gad oedd dyletswyddau'r ddwy gangen fel ei gilydd.

tymhorau'n geffylwr a chertmon ar wahanol ffermydd. Ond roedd ysgol hyfforddi yn wahanol iawn i ysgol brofiad.

Adeiladau sinc enfawr oedd y stablau, gyda lloriau concrid ac weithiau gynifer â 50 o geffylau mewn un stabl. Yn ystod y parêd cyntaf fe'i gosodwyd yn Is-Adran B gyda gorchymyn siarp i ysgrifennu ei rif, 220476, 'y tu fewn i'w gap' – er mwyn iddo'i gofio. Gyda llaw, cap pig oedd hwnnw gyda bathodyn arno'n darlunio gwn mawr a'r arwyddair uchelgeisiol *ubique quo fas et gloria ducunt*. Hynny ydi, 'i bobman ble mae cyfiawnder ac anrhydedd yn arwain'. Ei wers gyntaf, bnawn Gwener, oedd sut i ysgrafellu ceffylau:

> 'I'r stablau wedyn, grwmio un ceffyl am awr gyfan. Y gwaith yn ddiarth inni sef dull y Fyddin o wneud . . . Wedi mynd i mewn, y gorchymyn cyntaf yn y stabal oedd *'Tunics off, sleeves up, braces down and get on with the grooming'*. Roedd[wn] wedi dychryn a hithau yn fis Chwefror oer iawn a'r stablau mor agored. Rhoi rygiau dros y ceffylau bob nos - ynddynt trwy'r gaeaf. Rhaid oedd ufuddhau wrth gwrs a dechrau arni, ac wrth ein gweld yn o ddifywyd byddai rhyw swyddog neu'i gilydd yn gweiddi arnom bob munud bron *'Put some weight on that brush Driver!'*. Ac ambell un yn dod yno i ddangos inni sut i wneud, yn y 'circle motion' chwadal hwythau. Yn ystod yr awr grwmio yma byddem hefyd yn mynd â'n ceffyl i nôl dŵr o'r cafn - datod ei gadwyn a'i d[y]wysu hefo honno.'

73

Ym Mharc Milwrol Bettisfield, hwyrach. Dafydd Jones yw'r pedwerydd o'r chwith yn y rhes gefn.

Y Sadwrn canlynol, cafodd hanner diwrnod o wyliau a hynny am y tro
cyntaf yn ei einioes, 'Ond pnawn Sadwrn digon digalon ydoedd hwn
– unlle i fynd, dim i'w wneud ond meddwl, ac wrth feddwl mwy o
hiraeth nag erioed.' 'Ond wedyn ddydd Sul mwy o hiraeth byth'. Y nos
Sul honno, ac yntau'n ysgrifennu llythyr adref, clywodd 'siarad
Cymraeg gloyw'. Hogiau o Sir Gaernarfon oedd yno, o Lŷn yn bennaf,
a bu hen sgwrsio. Un 'oedd Bob Jones, Trigfa, Nanhoron'.

Ei ail wers, yn ystod yr ail wythnos lawn yn Chwefror, oedd dysgu
marchogaeth – marchogaeth ceffyl pren:

*Y*n ddiweddarach, roedd Robert Jones, Trigfa, ac yntau i gydweini am flynyddoedd a byw am y cae â'i gilydd. Gwelodd Bob Jones ffyrnicach rhyfel na'i gymydog; bu'n brwydro yn Arras. Ymgynghorais â'i fab, John Gruffydd Jones, i gael rhagor o'r hanes. Pan fyddai'r efengylydd a'r ymgyrchwr Tom Nefyn yn pregethu yng Nghapel y Nant, Nanhoron, byddai'r pregethwr, Huw Griffith, Penrallt (cymydog) a'i dad yn cael eu cadw gyda'i gilydd yn y parlwr i rannu profiadau dros baned, a'i fam yn gofalu fod John allan o glyw. Yn ôl John, 'Cuddio ei brofiadau wnaeth o, yn union fel cuddio ei glwyfau, a wnaeth o erioed ddiosg ei esgidiau yn fy ngŵydd rhag ofn i mi weld y creithiau ar ei goesau.' Yna, mae'n ychwanegu mai'r Rhyfel Byd Cyntaf a wnaeth heddychwr o'i dad.

'Roedd yno geffyl pren mawr yr un faint a'r un modd yn union ag un byw. Dyn yno yn yr ystafell gyda ni yn darlunio'r creadur inni, gan enwi pob asgwrn a migwrn iddo a'n holi ninnau wedyn. Y fi, wrth fy mod yn Gymro, dan anfantais fawr i gofio'r enwau. Wedyn gwisgo amdano, rhoi'r cyfrwy ar ei gefn a'r ffrwyn yn ei ben, pob bwcl yn ei le. Aeth y bore heibio. Y pnawn i'r stablau, sadlio ceffyl byw ac am y *Riding School* . . . Yr *Instructor* arnom ar gefn ei geffyl ar ganol y lle â gwialen hir ganddo yn ei law i daro rhai o'r hen geffylau os byddai galw am hynny . . . Y peth cyntaf i'w wneud oedd dysgu mowntio a dismowntio, dim ond hynny'r daliad cyntaf ar ei hyd . . . Byddem ni wrth ein bodd yn cael reid ar hyd y lôn, cael gweld y wlad, gweld y gweddydd yn aredig a'r troliau wrthi, a hynny yn codi hiraeth ynom, a ninnau bron â chorffio ar gefn y nags ac yn barod iawn i ffeirio lle efo rhywun.'

DAL ANNWYD NEU WAETH

Mae'n bosibl mai'r 'corffio ar gefn y nags' chwedl yntau, a hithau'n dywydd rhewllyd y Chwefror hwnnw, a barodd iddo ddal math o annwyd. Annwyd enbyd a hwnnw 'yn lle mendio yn mynd yn waeth bob dydd'. Treuliodd ddiwrnod a noson yn yr ysbyty a berthynai i'r gwersyll. Yna, cael ei gludo mewn ambiwlans i ysbyty mwy yng Ngwersyll Milwrol Prees Heath.

Wedi wythnos yn ei wely – beth bynnag ei anhwylder – cafodd godi a chyn hir ddychwelyd i Bettisfield. Erbyn hynny, roedd ei gyd-filwyr wedi symud ymlaen i'r Ysgol Yrru a chafodd yntau ymuno â hwy. Dysgu cludo gynnau mawr i faes y gad gyda thîm o geffylau oedd yr hyfforddiant – yn arferol, chwe cheffyl i bob wagen gyda thri gyrrwr. Yn ôl a ysgrifennodd, synhwyrai mai Ffrainc fyddai pen y daith iddo. Meddai am y gynnau, 'Nid oeddynt yn drymion, y rhai welais i ohonynt beth bynnag – buasai dau geffyl yn mynd â hwy i bob man, hyd y lôn beth bynnag, ond nid hyd y lôn oedd hi tua Ffrainc ond i bob math o le, sych a gwlyb, pant a bryn.' Cafodd wythnosau'n dysgu gyrru'r gweddoedd yn ogystal â gwarchod y stablau, yn ei dro. Pan ddaeth hi'n wanwyn daeth gobaith y câi ddychwelyd, am ychydig amser, at 'grefft gyntaf dynolryw', un yn amlwg yn annwyl yn ei olwg:

*R*oedd Gwersyll Prees Heath ar dir comin dros y ffin yn Sir Amwythig, bedair milltir i'r de o Whitchurch, gyda chynifer â 25,000 o filwyr yn gwersylla yno ac ysbyty gyda 600 o wlâu. Arbenigaeth y gwersyll oedd hyfforddi bechgyn ar gyfer ymladd yn y ffosydd. Daeth trydan yno mewn dyddiau cynnar ac fel yng Ngwersyll Cinmel, dyweder, roedd yno siopau a neuadd adloniant oedd yn sinema. Wedi i'r rhyfela ddod i ben fe'i defnyddiwyd fel canolfan dimòb ar gyfer y rhai a gafodd ddychwelyd. Wedi hynny, adferwyd y safle i fod yn dir agored. Wrth gerdded y fro, roedd hi'n anhygoel i mi fod yr olion wedi diflannu mor llwyr.

'Wel toc daeth sôn fel tân gwyllt trwy'r camp fod y Fyddin am yrru pobl allan i aredig y gwanwyn hwnnw am dipyn o wythnosau, wrth fod pobl y tir mor brin, a'r dynion oedd i gael mynd oedd y rhai oedd ar y gwaith o'r blaen - *skilled ploughmen* . . . Pawb wrth gwrs am y cyntaf i roi ei enw i mewn, a minnau mor fachog â neb. Aeth wythnos, ddwy neu dair, heibio a dyma waedd fawr drwy'r lle fod y *Ploughing Draught* yn cychwyn cyn y Sul. Wel, dau ddiwrnod cyn y diwrnod hwnnw dyma ddyn yn wael yn ein *llut* ni. Aed ag ef i'r hospitol a chafwyd allan fod y frech goch arno . . . Buom felly am bythefnos union wedi ein cau i mewn. Dyna ffarwel inni am y *Ploughing Draught* na dim arall ond garddio bob dydd.'

Yn fuan iawn roedd o i gael ei gau i mewn, drachefn. Afiechyd oedd y rheswm y tro yma eto. Ymddengys iddo gael rhyw 'aflwydd' ar ei ben-glin, er nad yw'n nodi beth yn union oedd yr anhwylder. Ïodin, a digon ohono, oedd y feddyginiaeth. Y tro hwn bu yn ysbyty'r gwersyll am chwe wythnos. 'Yma yr oeddwn pan glywais y Gog y tymor hwnnw, yno yr oeddwn ddiwrnod ffair Pentymor Pwllheli.' A Ffair Glamai 1917 oedd honno, mae'n debyg.

BWRW SUL

Un pnawn Gwener, ym Mehefin 1917, ymddangosodd ei enw ymhlith y rhai gyda chaniatâd i fynd adref fwrw Sul. 'Nis gwyddwn,' meddai, 'gan faint fy llawenydd beth i'w wneud; tebyg ydi na chysgais fawr y noson honno.' Y milwr ei hun a dalai am y daith adref. Un oedd i gostio naw swllt i Dafydd Jones. Erbyn meddwl, byddai wedi derbyn ei dâl wythnosol yr union bnawn hwnnw:

'Pnawn Gwener y byddem yn cael ein tâl bob wythnos, caem noswyl rhyw hanner awr ynghynt y pnawn hwnnw; a'n martsio at yr *Office* i nôl ein tâl. Byddent yn galw ein henwau yn ôl trefn yr Wyddor . . . Felly wrth waeddi arnaf fi dywedent 'Jones 76'. A phan ddôi eich enw yr oeddych i weiddi a baglu i fyny am y pres a salwtio wrth fynd i mewn, a salwtio wrth ddod allan. Yr hyn a gawn i o arian Lloegr fyddai tri a chwech am dair wythnos a phedwar swllt un wythnos o bob pedair. Byddai allan yn arw yno nos Wener; llawer un wedi gwario ei bres bob dimai am ddiod ac wedi meddwi yn chwil ulw. Anodd cael cysgu llawer y noson honno.'

Rhwng y ddeubeth, y llawenydd o gael picio adref i weld ei deulu a'r dadwrdd wedi i eraill fod ar y wagen, does ryfedd na chysgodd lawer y noson honno.

Roedd yn rhydd i adael amser cinio ddydd Sadwrn ond gyda siars i fod yn ôl ar y parêd ben bore Mawrth. Câi deithio'n ôl yn rhad ac am ddim, ar bwrs y wlad. Pan aeth i stesion fechan, wledig, Bettisfield, i godi ticed unffordd i Chwilog, 'roedd y dyn wedi dychryn; ni wyddai fod y fath le mewn bod . . .' Serch hynny, cyrhaeddodd Chwilog yn ddiogel erbyn min nos a'i cherdded hi wedyn, a'i baciau i'w ganlyn, i gyfeiriad y Ffôr ac ardal Rhos-fawr lle'r oedd ei wely.

Bûm yn meddwl y byddai'r seibiant cyntaf a gafodd wedi bod yn amser o lawen chwedl iddo – a diau mai felly y bu – ac yntau'n ysgrifennu gyda theimlad am gael ailgofleidio'i briod wedi'r gwahanu cyntaf. I'r gwrthwyneb, mynegodd ei deimladau personol mewn brawddeg neu ddwy a defnyddio llith hir i ddisgrifio cymhlethdodau'r teithio'n ôl a blaen. Yn ogystal, roedd Meri i eni'u plentyn cyntaf cyn bo hir. Eto, dim gair am hynny.

Ar y Sul wedyn, ail-fyw'r hen arferion fu hi, a mwynhau hynny'n fawr i bob golwg:

'Bûm yn y capel bora Sul. I Gromlech i ginio, wedyn i lawr i Ynys Fawr, cael te yn y fan honno a chapel wedyn y nos. Adref dydd Llun ac i ffwrdd gyda'r nos hefo'r *Mail*. Roedd amser cychwyn i ffwrdd yn adeg ofnadwy o ddigalon. Ond rhaid oedd mynd. Os nad awn deuai dau filwr i'm nôl a jêl ar ôl cyrraedd am aros. Felly gwell o lawer oedd mynd yn yr adeg iawn . . . Cyrhaeddais Bettisfield ychydig wedi pedwar bora drannoeth, fawr o wely wedyn; *parade* am hanner awr wedi chwech yn ein haros. Teimlo yn annifyr iawn drannoeth, hiraeth mawr a blinder mawr yn ein llethu. Cawsom wely cynnar y noson honno a theimlo yn fwy ffit y bora wedyn.'

HYFFORDDIANT MWY PENODOL

Wedi iddo ddychwelyd o fwrw Sul gyda'i deulu ymddengys i'w hyfforddiant fynd yn fwy penodol. Er enghraifft, cafodd hyfforddiant ar sut i drin gynnau ac anelu at dargedau. Erbyn hyn roedd yr ymladd ar y Ffrynt Gorllewinol ar ei ffyrnicaf. Brwydrau costus Verdun a Somme wedi'u hymladd a Passchendaele ar ddigwydd. Roedd yn ofynnol, felly, gael rhagor o filwyr i sefyll yn y bylchau. Yn ogystal, daeth nwyon gwenwynig yn arf i'r ddwy ochr fel ei gilydd a chafodd yntau ei hyfforddi ar gyfer hynny'n ogystal:

'Wel, dyna ni wedi pasio trwy'r gas eto ac yn nes am *Active Service* yn rhywle. Wedi gorffen efo'r gas dreifio wedyn am sbel. Hwyl garw wrth fachu'r *Mules* y tro cyntaf . . . Rheini yn cau cychwyn ac ni bu y fath stagro erioed . . . Un *team* yn cychwyn rhywdro, y lleill i gyd ar draws ei gilydd ar ei ôl, i'r ffosydd a phob man. Ac wrth droi o'r lôn i'r parc wedyn roedd yn ofnadwy, yr adwy heb fod yn llydan iawn na'r lôn chwaith. Y *Lead Driver* yn methu cadw digon ymlaen ar ôl i un *team* fynd trwodd. Ac wrth droi rhy grwn troi'r gynnau ar eu hochr yn yr adwy. Yr hen *Sergeant Major* yn dŵad yno hefo chwip a chwipio'r hen *Mules* yn eu blaenau i gael yr adwy. Ac felly aethom drwodd rhywsut, a chael lot o hwyl ond nid oedd fiw chwerthin wrth reswm.'

O edmygu yn gynharach hoffter Dafydd, y gwas gynt, o geffylau a'i ofal amdanynt mae'n anodd dirnad yr 'hwyl garw' a gâi yn yr Ysgol Yrru yn Bettisfield. Fodd bynnag, mae'n cydnabod fod 'yr hen geffylau mewn cyflwr drwg iawn a bu farw llawer ohonynt'. I mi, mae'r creulonderau a'r anafiadau a dderbyniodd y ceffylau rhyfel a'r bastard mulod yn ystod y Rhyfel Mawr yn destun cywilydd yn ogystal.

AMBELL OEDFA

Gydol ei dymor yn y Fyddin, ar y Suliau daliai ar bob cyfle posibl i fynychu oedfa mewn capel neu eglwys. Roedd hynny'n gwbl gyson â'i gred mewn rhagluniaeth ddaionus, ac yn ganlyniad i'r fagwraeth a gafodd. Ar fore Sul, y Fyddin fyddai'n paratoi ar eu cyfer:

'Hwyrach y dylwn fod wedi dweud eu bod wedi gofyn i ba enwad yr oeddym yn perthyn a ninnau wedi dweud wrth gwrs. Ond nid oedd sôn yn y lle hwn ond am Ymneilltuwyr, Eglwyswyr a Phabyddion. Ac felly ar y *Non-Conformist Parade* oedd fy lle i am hanner awr wedi deg bob bora Sul . . . Wedyn caem ein martiso i ryw *Hut* gwag mawr yn *B. Battery Lines*. Cymro fyddai'n pregethu inni - Mr Parry o Wem, tref bach heb fod ymhell, ond Saesneg i gyd fyddai'r gwasanaeth hwn. Pregethwr gwan iawn ydoedd; perthynai i'r Annibynwyr; dywedai ei destun yn Gymraeg inni bob tro; pregethai am tua ugain munud, byth mwy - a dyna ddiwedd am y Sul. Ac o wasanaeth digalon yn enwedig y Sul cyntaf.'

Ac yntau wedi'i fagu ar Suliau tri daliad, a phregethau carlamus tri chwarter awr neu well, yn Gymraeg, doedd arlwy'r Fyddin fyth at ei ddant. Byddai 'Mr Parry' yn dod yno ganol wythnos hefyd ac yn rhoi pregeth Gymraeg i'r milwyr. Roedd hynny'n ei blesio'n well, 'Gwnâi hynny am ddim a theimlaf yn ddiolchgar iawn iddo hyd heddiw am hynny.' Ond cyffelyb oedd y feirniadaeth arno, 'Nid oedd yn bregethwr mawr ond i mi rhagorai lawer wrth bregethu yn Gymraeg nag yn Saesneg. Byddai bob amser yn *short and sweet.*'

O dro i dro, câi gyfle i grwydro'r fro, a manteisio ar oedfa hwyrol yn rhai o addoldai'r cylch. Capel nid yr eglwys blwy a fyddai'i ddewis bob amser:

Cefn gwlad Bettisfield. O dro i dro, câi gyfle i grwydro'r fro.

O ran diddordeb, bûm yn meddwl pwy oedd y 'Mr Parry' a roed yn y glorian a'i gael yn brin. Wrth loffa yn y fro, gelwais heibio i gartref haneswyr lleol, Pat a Tom Edwards, sy'n byw yn Wem ger Amwythig. Cefais wybod mai 'Mr Evans' – y Parchedig Steven Evans – mae'n fwy na thebyg oedd y gŵr y cyfeirir ato. Roedd yn Gymro a bu'n bugeilio eglwys yr Annibynwyr yn Wem o 1910 hyd 1921 cyn mynd i weinidogaethu yn Blackpool. Yn rhifyn 22 Hydref 1915 o'r *Shrewsbury Chronicle* ceir ei hanes yn ymadael i fynd i Ffrainc am dri mis i weithio'n wirfoddol gyda'r Y.M.C.A. Ond chwarae teg, roedd yn agos i 20 mlynedd wedi mynd heibio cyn i Dafydd Jones 76 gofnodi ei atgofion ac enwau sy'n chwarae mig gyntaf.

'Mynd ambell bnawn cyn belled â Hanmer y pentref agosaf un i'r Camp; pentref bach gyda dim ond un siop ynddo; gwaith rhyw ddeg muud o gerdded o'r Camp ar draws dau o gaeau mawr. Roedd yn y pentref yma Eglwys fawr iawn a hardd oddi allan. Byddai llawer iawn o'r hen hogiau yn mynd yno i'r gwasanaeth nos Sul. Fûm i erioed chwaith . . . Bûm un waith mewn capel arall hefyd mewn pentref ron bach i ffwrdd o'r enw Horseman's Green. Hwn yn gapel neis iawn, Capel Wesla – roedd enw o'r tu allan yn dweud hynny. Mwy o bobl o lawer a'r capel yn fwy o lawer [o'i gymharu â chapeli eraill a fynychodd]. Cawsom bob croeso yma hefyd a phregeth reit dda hefyd, er i mi nid yw'r Saeson i'w cymharu â'r Cymry am bregethu. Clywais amryw tra yn y Fyddin ond dim ond un o'r lot faswn i'n ddweud oedd yn un da . . . Methu â chredu fy hun mai Sais oedd – meddwl mai Cymro neu Ysgotyn ydoedd. Ond prun bynnag un da oedd hwnnw.'

MAB FFARM O GYFFINIAU'R BALA

I mi, mae awdur 'Brithgofion' ar ei orau wrth bortreadu rhai o'i gymdeithion, rhai y bu'n gweini hefo nhw neu gydfilwyr ag o. Yn nyddiau'r Fyddin, Saeson oedd y mwyafrif ond o dro i dro cafodd gwmni nifer o Gymry Cymraeg eu hiaith. Un felly oedd 'mab ffarm o gyffiniau'r Bala':

'Ar ôl i mi ddod o'r hospitol roedd Cymro arall wedi dod i'r Camp ac i'r un un *Battery* â minnau, sef un o ymyl y Bala. John Morris Roberts, Hendre Mawr - fferm ar gyffiniau'r Bala [Frongoch] meddai ef. Daeth hwn i gysgu i'r un *Hut* â minnau yn fuan a bu yno yn y gwely agosaf imi nes y symudwyd ni i ffwrdd efo'n gilydd. Roedd yn Gymro heb fedru fawr air ond Cymraeg – fel finnau ar y dechrau. Roedd cael Cymro efo rhywun yn gwneud llawer iawn o wahaniaeth yn y lle.

'Y fi fyddai yn sgrifennu y rhan fwyaf o'i lythyrau iddo. Ni fedrai ddarllen nac ysgrifennu fawr o lun. Gan fod ffarm fawr yn ei gartref byddai yn cael ymenyn a becyn lawer oddi yno a byddwn innau yn cael [siâr] helaeth o'r becyn. Ni byddai tân yn yr *Hut* yn yr haf, felly allan y byddem yn ffrio'r cig gyda'r nos fel tramps. Hel priciau a gwneud lle efo cerrig a gofalu bod tu allan i derfynau'r Camp. Byddem yn prynu bara mewn siop ym mhentref Hanmer yn ymyl a the yn y *Canteen* yn y Camp; ac yn gwneud ffid iawn ac yn rhad hefyd.'

Disgrifiodd yr 'hen Roberts', fel y'i galwai – er ei fod o ddwy flynedd yn hŷn nag o – fel un 'bodlon, diwenwyn a di-feddwl iawn'. Un diniwed oedd o wrth reddf ac mae'n debyg i'w anwybodaeth o'r iaith Saesneg, a'i natur hwyrach, fod yn feini tramgwydd iddo. Er enghraifft, roedd y ceffylau yn y stabl yn syrthio i un o ddau gategori – rhai wedi'u torri i mewn, ac yn ddiogel i'w marchogaeth, a rhai anniogel ac i'w tywysu'n unig. Edrych rhif y ceffyl oedd yr unig ddiogelwch. Codi'n hwyr oedd un arall o'i wendidau:

'Un pur ddiofal a di-gychwyn oedd Roberts, anodd iawn ei godi yn y bora, a phob tro ran hynny bron. Cafodd lawer iawn o'i regi ganddynt ar hyd yr amser . . . Byddai Roberts ar ras fawr yn hwylio allan, pawb arall bron yn barod cyn i Roberts gyrraedd y *stable*. Roberts mor ddifeddwl,

---

$\mathcal{M}$ab ffarm Hendre Mawr, Fron-goch ger Cwmtirmynach oedd John Morris Roberts a chefais sgwrs gydag Annie Jones Davies, Gwynllys, Frongoch, a'i cofiai. Yn ôl Cyfrifiad 1911 roedd yr hynaf o bump o blant, tri mab a dwy ferch. Ddiwedd Hydref 1916, cafodd 'John Morris Roberts, 22 Cowman' ei esgusodi rhag ymrestru – yn union fel Dafydd Jones. Manteisiai'r gwas ffarm o Lŷn ar gwmnïaeth Cymro Cymraeg a hefyd, yn 'helaeth' ar y cyflenwad o gig moch a dderbyniai'r mab ffarm o'i gartref. Yn ôl y Cyfrifiad eto, roedd y tad yn ffarmwr a phorthmon. Pa ryfedd felly, am y cyflenwad o facwn, er nad ydi 'Jones 76' yn manylu, chwaith, sut y byddai'r cig yn cyrraedd y gwersyll.

y *saddle* ar gefn yr un fyddai yn y stôl honno, heb sylwi na meddwl sylwi pa r'un fyddai. Wedyn Roberts yn mowntio wedi dod allan; hwnnw yn ei daflu ar unwaith ac yn ei frifo; ei gario wedyn i'r hospitol. Digwyddodd hyn iddo ddwy waith beth bynnag a phawb arall ond y fo yn gofalu pa geffyl i'w sadlo. Wrth reswm roedd rhif ar bob ceffyl. Ond Roberts oedd Roberts o hyd.'

A daw Roberts i'r stori sawl tro o hyn ymlaen.

O edrych yn ôl, bu'r ail gyfnod dreuliodd o mewn ysbyty, a'r oedi o'r herwydd, yn fath o waredigaeth iddo. Erbyn iddo gael caniatâd i ddychwelyd at ei ddyletswyddau roedd y rhan fwyaf o'i gymdeithion 'wedi gorfod ei throi hi tua Ffrainc' ac amryw – yn nes ymlaen – i golli'u bywydau yn y brwydro mawr. Eto, mwy na mynegi'i farn ar gwestiwn rhyfel a heddwch anaml, os o gwbl, y mae'n cyfeirio at erchyllterau'r Rhyfel Byd Cyntaf. Yn naturiol, byddai'n anodd iddo ddisgrifio amgylchiadau oedd, hyd yn hyn o leiaf, tu allan i'w brofiad.

Fodd bynnag, yn ddyddiol ofnai glywed y Cadfridog yn galw'i enw yntau. A Ffrainc, dim ond Ffrainc, oedd ar ei feddwl. Yna, daeth ei seibiant olaf, *embarkation leave* oedd y term swyddogol:

'Ni chostiai'r *leave* honno'r un geiniog inni. A rhyw ddydd Mercher dyma finnau i gychwyn ac i fod yn ôl erbyn y *parade* cyntaf fore Mawrth wedyn. Cychwyn fora Mawrth tua naw. Galw i weld Johnie [ei frawd] yn Ysbyty Bangor yn y pnawn er nad oedd yn *visiting day* yno ond llwyddais i gael mynd i mewn. A dyna lle'r oedd reit gysurus; ef wedi bod yn Belgium efo'r R.W.F. ac wedi cael *frozen feet* yn y *trenches* ac yn awr yn yr ysbyty yn dioddef oddi wrth ganlyniadau peth felly. A finnau â'm hwyneb yn fuan yn ôl pob tebyg am Ffrainc. Aeth y dyddiau hynny heibio fel niwl a rhaid oedd troi yn ôl, heb fawr obaith dod adref am sbel go hir wedyn.'

*G*aned ei ferch Helena, neu 'Lena' fel y cyfeiria ati, 25 Gorffennaf 1917. (Cyn pen yr wythnos roedd yr ergyd gyntaf i gael ei thanio yn nhrydedd frwydr Ypres.) Yn fwy na thebyg – er nad yw'n nodi hynny – fe'i ganed hi rhwng y seibiant olaf a gafodd a'r mynd dramor. Yn Rhestr Bedyddiadau eglwys Ebeneser, Fourcrosses, cofnodwyd i 'Helena, merch David, *labourer* (milwr) a Mary Jones' gael ei beddyddio 4 Hydref 1917. Sacrament o fedydd, felly, a thad y plentyn yn absennol ac ymhell iawn o gartref.

Minafon, Rhos-fawr a rhywun yn barod i'w groesawu.

Er nad yw'n dyddio digwyddiadau'n fanwl, nac yn nodi'r man a'r lle ar bob achlysur, mae'n debyg mai ym Minafon, Rhos-fawr, yr arhosai. Calanmai 1915, a chwaer i Meri yn byw yn yr Erw, daeth tŷ arall yn yr ardal, Minafon, yn wag. Er hwylustod, mudodd tad Meri yno o Fryn Chwilog, Uwchmynydd, a rhai o'i deulu i'w ganlyn. Roedd Dafydd Jones yn 'troi'n ôl', mae'n debyg, pan oedd ei wraig ar fin rhoi genedigaeth i'w plentyn cyntaf.

4 'I'r India eang fras'

Un bore ym mis Medi 1917, wedi bod yn 'hongian o gwmpas am wythnos neu ddwy', clywodd ei enw yn cael ei alw a chael gwybod mai yr India, nid Ffrainc, fyddai pen y daith iddo. Yn nes ymlaen, cafodd 'ddillad tenau a het fawr gorcyn' i'w ddilladu ar gyfer y siwrnai. Yna, un bore galwyd enwau'r rhai oedd i ddal trên y noson honno – yntau yn eu plith – a theithio dros nos, a bore drannoeth, i ddal llong yn nociau Devonport yn Ne Lloegr. Syndod arall iddo – wedi bwrw golwg dros y criw – oedd sylweddoli mai'r 'hen Roberts' o gyffiniau'r Bala, o bawb, oedd yr unig Gymro Cymraeg arall yn eu plith. Erbyn canol dydd drannoeth roedd y fintai wedi cyrraedd y doc yn Devonport ar arfordir Dyfnaint. Wedi pryd o fwyd caed gorchymyn i fyrddio'r llong:

> 'Cyn tri o'r gloch gwelem fod y llong yn symud, ac un arall yn llawn o filwyr, a llong ryfel yn *escort* inni. Teimlwn rhywfodd yn annifyr wrth ein gweld yn gadael tir. Pobl ar y trwyn yn codi eu hetiau arnom a ninnau yn chwifio ein capiau arnynt hwythau nes ein bod o'r golwg. Llawer un ar y llong na ddaeth byth yn ôl. *Hororata* oedd enw'r llong, hen *gargo-boat* wedi ei wneud yn *troop-ship* a ninnau wedi ein pacio arni, dros 2,000 ohonom medda nhw. Ni chaem wisgo esgidiau hoelion arni, nac ar yr un arall y bûm arni chwaith, a chan mai esgidiau felly oedd gennym a neb yn berchen slipars doedd dim amdani ond traed noeth. Roedd yn oer iawn.'

Wrth adael tir roedd y llanc ifanc o Lŷn, nid yn unig yn anesmwyth ei feddwl ond yn teimlo ias o ofn yn ogystal. Teimlai ryddhad, mae'n ddiamau, o wybod mai'r India fyddai ei faes ac nid Ffrainc a'r ffosydd. Y daith ar y dŵr oedd yn ei bryderu ac, fel y nododd, cofio am y rhai 'na ddaeth byth yn ôl'. I longau'n cario milwyr roedd y llongau tanfor a'r torpidos yn berygl bywyd. Gwyddai'n ddiamau am suddo'r *Lusitania* ym mis Mai 1915 – leiner fwya'r byd bryd hynny – a cholli 1,198 o fywydau mewn llai na hanner awr. Torpido a daniwyd gan long danfor a suddodd y llong enfawr honno.

Roedd o unwaith eto'n gadael tir a'i argyhoeddiadau i'w ganlyn. 'Ond roedd rhywbeth yn dweud wrthyf y cawn ddychwelyd, ac y byddai yna fywyd ar fy nghyfer i ar ôl y Rhyfel Mawr.' Yn ogystal, byddai'r India yn fwy cyfarwydd iddo na Ffrainc.

Cyn mynd ar yr *Hororata* mae'n amlwg i mi mai math o longwr tir sych oedd o, er iddo gael ei fagu ar ddarn o dir oedd wedi'i amgylchynu gan fôr. Taith fer oedd yna o'i gartref yng Nghrowrach Isaf i draeth hyfryd Porth Ceiriad a thaith fymryn yn hwy i olwg Porth Neigwl a fu'n angau i gymaint o longau hwyliau. Doedd dim syndod felly mai un ddigwsg iawn fu ei noson gyntaf ar y môr mawr. Meddai, 'Cawsom hamoc bob un a dwy blanced drom.' Fel y gweddill cafodd drafferth i'w hongian a chymaint os nad mwy o drafferth i ddringo iddi. Gan ei bod hi'n fôr stormus a'r hamoc yn swingio'n feddw disgynnodd 'ohoni ddwywaith i'r llawr'. Datganodd, 'Fe benderfynais na chysgwn mewn hamoc wedyn ac nis gwnes byth.' Drannoeth roedd gwaeth, eto, yn ei aros:

'Y bora cyntaf imi ar y llong teimlo reit dda pan yn codi . . . Eis i lawr, meddwl am frecwast, ond druan ohonof; clywn fy hun yn mygu yn y fan honno ac allan â mi am awyr iach. Dim ond môr i'w weld ar bob llaw, a môr pur hegar hefyd, yr hen long yn ysgwyd yn arw iawn, a finnau yn sâl, a mwy na hanner y bois yr un fath – eithriad gweld un heb fod. A salwch ofnadwy yn fy mhrofiad i ydyw salwch y môr. Bûm yn gorwedd am ddau ddiwrnod a dwy noson ar y dec heb symud bron, y *life-belt* o dan fy mhen a'm dwy law o danaf. Gorweddwn ar fy mol yn fflat a phan godwn nis gallwn sefyll bron, ac nis gallwn daflu i fyny chwaith; ugeiniau o'm cwmpas yn taflu i fyny a lot yn well ar ôl gwneud. Nis gallwn feddwl am yr un tamaid o fwyd . . . Ymhen ychydig ddyddiau gwellais yn iawn a phawb fel finnau. Methu yn lân â chael digon o fwyd wedyn.'

Wedi'r 'salwch môr', a sôn ei bod hi'n 'foriog iawn tua cyrion y Bay of Biscay' a'r 'tonnau fel mynyddoedd mawr', ei gofnod nesaf ydi am yr

Yng nghapel Cilan byddai Dafydd Crowrach wedi clywed am Genhadaeth Dramor y Methodistiaid Calfinaidd. O bosibl, y stori arwrol am y saer troliau o Langynyw, Maldwyn, a fynnai, yn wyneb pob rhwystr, fynd yn genhadwr i'r India. Yna, yr enwad yn 1840 yn sefydlu cenhadaeth yn arbennig ar ei gyfer. Diolch i lyfr hymnau'r Methodistiaid Calfinaidd 1869 – ond argraffiad diweddarach – byddai cwpledi megis 'O! na ddôi dydd yr India i ben / I weld yr Hwn fu ar y pren' neu 'Doed yr India fawr gyfoethog / Heddiw dan dywyllwch sydd,' yn rhan o'i ddiwylliant. Bellach, byddai'n cael gweld yr 'India eang fras', chwedl Williams Pantycelyn, â'i lygaid ei hun.

Capel Cilan, a'r Tŷ Capel, wedi eu troi'n dai gwyliau erbyn hyn.

Hororata yn angori yn Sierra Leone ar arfordir gorllewinol De Affrica. Freetown, mae'n debyg, oedd y porthladd er na nododd o hynny. Yno y gwelodd 'y tropiau brasaf o wlaw' a welodd erioed a'r 'haul yn syth uwchben'. Er iddynt aros yn y porthladd am bedwar diwrnod chafodd neb o griw'r llong fynd i'r lan i weld rhyfeddodau'r ddinas. Syllu i lawr o'r dec ar yr hyn ddigwyddai islaw fu'i hanes yntau yn gwylio cychod mawr yn cario dŵr a glo i'r llong ac yna brodorion mewn cychod llai yn gwerthu ffrwythau i'r rhai oedd ar y dec. Y drefn oedd lluchio'r arian i lawr yn gyntaf a halio'r fasged lawn i fyny wedyn. Er syndod i mi, mae'n dweud mai dyma'r tro cyntaf iddo ddod ar draws dynion tywyll eu crwyn. (Genhedlaeth yn ddiweddarach deuai tramorwr o'r fath o ddrws i ddrws ar Benrhyn Llŷn i hwrjio gemwaith, crysau a mân bethau eraill.) Rhyfeddod arall a aeth â'i wir fryd:

> 'Y môr yma yn llonydd iawn, dim ton yn codi ar ei wyneb. Byddai rhai o'r dynion yma [y brodorion] yn nofio sbeliau o'n cwmpas yn noeth hollol. Ond i ni daflu darn o arian gwyn i lawr deifient o'r golwg i'r dŵr ar ei ôl, a byddent yn siwr ohono bob tro; dangosent ef wedi dod i fyny a chadwent ef yn ofalus yn eu cegau bob amser er cael y llaw yn rhydd i nofio a gafael mewn un arall wedyn. Y peth rhyfeddaf oedd, os taflech bres cochion i lawr ni wnaent unrhyw osgo nac ymdrech i'w dal o gwbl. Ond pisyn gwyn, boed leiaf y bo, a byddant yn siŵr ohono.'

Hyd nes glanio yn Ne Affrica cafodd yr *Hororata*, a'r llong arall a gludai filwyr, eu gwarchod gan long ryfel. Gan fod honno yn troi'n ôl cafodd y milwyr oedd ar eu byrddau gyfle i ysgrifennu llythyrau at eu teuluoedd ond gofalu rhoi 'Somewhere at Sea' fel cyfeiriad. Oherwydd y sensoriaeth, Saesneg oedd yr iaith i fod. Ymdrechodd i ysgrifennu gair at ei wraig (ac wedi blynyddoedd o garu yn Gymraeg peth chwith, yn ddiamau, i Meri fyddai derbyn llythyr anwes oddi wrtho mewn iaith dramor) a llythyr arall ar ran Roberts at ei deulu yntau yn Frongoch. Fel roedd y llong ar godi angor cafodd wŷs i ymddangos yn nhrigfan y swyddogion ar y dec uchaf – 'lle neis iawn'. Cymro oedd y swyddog a'i cyfarchodd. Er syndod iddo cafodd wahoddiad i eistedd a chynigiwyd sigâr iddo:

> 'Gofynnodd imi toc a oeddwn wedi ysgrifennu llythyr Cymraeg adref. Wrth gwrs atebais nad oeddwn. Dywedodd iddo gael un Cymraeg . . . wedi ei gyfeirio i Landudno. Deallais ar unwaith mai'r Jones arall a ysgrifennodd a dywedais fod arnaf ofn [na] phasiai llythyr Cymraeg ddim i fynd. Roedd yn ddrwg iawn ganddo ddeall imi feddwl peth felly. Dywedodd wrthyf am wneud yn Gymraeg tra byddai ef ar y llong, ac imi ddweud wrth y Jones arall fod ei lythyr yn olreit. Dyn clyfar iawn oedd hwn, un o Gaerdydd meddai ef. Pan dorrodd y Rhyfel allan yr oedd yn athro ysgol yn Sgotland ac ymunodd â'r Scottish Highlanders. Cafodd ei godi yn swyddog yn y gatrawd honno.'

Yn anffodus, i bwrpas ymchwil bellach, ni roddodd enw'r swyddog eangfrydig. Na dweud a fu iddo yntau ailysgrifennu'r llythyrau yn yr iaith Gymraeg nac, ychwaith, a fu iddo smocio'r sigâr honno!

Am undonedd y daith y sonia wrth ddisgrifio'r fordaith dros gwr o Fôr yr Iwerydd o arfordir Sierra Leone i gyrraedd Cape Town. Yn ysbeidiol, gelwid arno i weini ar adeg pryd bwyd a chlirio wedyn; yn achlysurol iawn bu'n un o'r tîm o 20 a gadwai wyliadwriaeth yn ystod oriau'r nos. Oherwydd y peryglon, cynhelid ymarferion i adael y llong cyn gyflymed â phosibl, boed hi'n ddydd neu berfedd nos. Corn y stemar yn hwtian oedd y rhybudd a phob un i ruthro mor gyflym â phosibl at y cwch a nodwyd ar ei gyfer. Arfer Dafydd Jones a chyfaill iddo – Riding, 'hen foi clên iawn, cleniach lawer na Roberts, ond ei fod yn Sais' – oedd cysgu dan fwrdd yn yr stafell fwyta a thrawsleoli i'r dec agored pan fyddai hi'n chwyslyd o boeth.

I ddifyrru'r amser, ar ddyddiau hir, roedd chwarae cardiau'n adloniant poblogaidd. Er iddo gael ei fagu ar aelwyd lle'r oedd y rhialtwch hwnnw'n cael ei ganiatáu llithro i chwarae fu'i hanes yn hytrach na bwrw iddi gyda brwdfrydedd. Y gamblo anghyfreithlon a'i blinai. O olwg heddlu'r llong roedd y gêm dis 'Coron ac Angor' yn ffefryn:

'Ambell un yn lwcus ambell ddiwrnod, yn ennill arian da, ond yn eu colli hwyrach i gyd y diwrnod wedyn. Dyna fu hanes Roberts Bala ar y llong hon a daliodd ati nes colli pob dimai ar ei elw. Teg i minnau gyfaddef imi golli dau swllt ar y gêm. Rhois swllt i lawr gan ddisgwyl lwc; os buasai lwc cawn swllt ato neu ddau wrach. Ond methu a wneuthum. Ymhen deuddydd neu dri triais swllt wedyn i drio cael y swllt a gollais yn ôl. Ond cyn cael gwybod fy lwc dyma waedd fod y *Police* yn dod a dyma ruthro i ffwrdd a lluchio'r arian i bob cyfeiriad. Collais fy swllt, mae'n siŵr y cafodd rhywun ef. Penderfynais na roddwn ddimai byth i lawr wedyn. A chefais nerth i ddal at fy mhenderfyniad byth. Roedd gennyf yr adeg honno tua chweugain yn fy mhoced ar ôl colli'r ddau swllt.'

Wedi diflastod y daith ar y môr roedd yna 'lawenydd mawr' pan laniodd y llong yn Cape Town gyda chyfle i archwilio gogoniannau'r ddinas a'r pleserau posibl. (Wyddai neb ohonyn nhw, ar y pryd, mai diwrnod yn unig fyddai hyd eu harhosiad.) Yn wir, gan faint y dyrfa, a'r rhuthr i gyrraedd tir sych, cafodd Roberts ac yntau eu 'cario gan y crowd' heb i'w traed brin gyffwrdd y gang planc. Dyma gyfle i mi gyfeirio at ei fawr ofal dros ei gydymaith – yn rhannol, hwyrach, yn fath o ad-daliad am y cig moch hwnnw a ddeuai o gartref Roberts i wersyll Bettisfield – a dyfynnu enghraifft o hynny:

'Wedi cael ein traed ar y lan ar ôl morio am fis a diwrnod, teimlem braidd yn feddw, ond dim ond am funud yn y dechrau. Dipyn bach o ffordd o'r dociau i'r dref - y fi a'r hen Roberts efo'n gilydd. Rhen Roberts heb yr un ddimai yn ei boced a'n dau ddigon o eisiau bwyd. Penderfynu cael peth a minnau i dalu trosom ein dau a Roberts i dalu i minnau rhywdro pan gâi bres. Gwyddwn y gwnâi Roberts hynny hefyd. Nid oedd gennym syniad o gwbl faint gostiai bwyd mewn lle fel hyn ond roedd y 10/- i fynd i gyd os byddai raid am un llond bol iawn o fwyd. Tra cerddem fel hyn i fyny i'r dref tynnwyd ein sylw at adeilad mawr ac arwydd tebyg i hyn ar ford y tu allan iddo, 'British Soldiers and Sailors Entertainment' . . . Cawsom le i eistedd a faint a fynnom o fwyd - te gorau a digonedd o gacennau; yn wir ni fwytasom fawr ddim ond y cacennau. Cawsom hefyd ddau orens bob un. Yr hyn a boenai Roberts oedd tybed oedd eisiau talu amdano, ac ofn arno fy ngholli innau . . . Ond yn hyn fe'n siomwyd; yn hytrach na thalu cawsom dair sigaret bob un . . . Tair sigaret i gyd a smociais yn y Fyddin, ac un o'r rhai a gefais yma oedd un o'r tair hynny.'

Ar ôl gadael Cape Town fore Gwener glaniwyd yn Durban y nos Lun ganlynol. Wedi cyrraedd pen ei thaith roedd yr *Hororata* i droi'n ôl a'r milwyr i fyrddio llong fwy, yr RMS Caronia, oedd i'w cludo i Bombay.

Oherwydd trafferthion gyda'r peipiau a gariai'r dŵr o'r dref i'r llong cafodd 'seibiant llongwr' yn Durban – un heb ei ddisgwyl felly.

Treuliodd ddeg diwrnod yn 'cysgu yn y llong newydd bob nos a chrwydro'r ddinas o ddeg y bore hyd ddeg yr hwyr' a chael teithio'n rhad ac am ddim ar y tramiau. Hefyd, cafodd pob milwr bunt yn ei boced cyn cychwyn allan. Gwelodd ryfeddodau yno, megis ceir dwy olwyn yn cario un teithiwr gyda 'hwd fel coits bach i godi fyny os dymunent', a 'dyn du yn ei dynnu ac yn tuthio fel yr un merlyn'. Gyda chyfaill iddo, mentrodd i'r farchnad yn yr ardal frodorol, 'lle na welech neb ond pobl dduon'. Yna, ychwanegodd, 'Ni fuaswn yn hoffi mynd yno eto heb fwy nag un yn gwmni, a ninnau heb un dim i amddiffyn ein hunain.' Cafodd fynediad am ddim i sw, hefyd, a bu yno am ddau bnawn ond heb weld y cwbl o bell ffordd. Bymtheng mlynedd yn ddiweddarach fel gwyliau tramor – un pum seren – y meddyliai am ei arhosiad yn Cape Town gydag ymborth yn rhad ac am ddim yn rhan o'r paced:

'Dyma'r amser gorau a gefais yn y fyddin, os nad yn ystod fy oes i gyd - deg diwrnod o holide mewn gwirionedd. Cawsom yma £1 o dâl bob un i gychwyn ac felly roedd gan bawb bres. Roedd yno le tebyg i Cape Town i gael bwyd - festri Capel Wesla yn West Street; bwyd yno am ddim ar hyd y dydd ar ôl naw y bora; dim ond eistedd wrth y bwrdd caem ffid ar un waith, faint a fynnom o *sandwiches* a phob math o gacennau, weithiau de a thro arall lemonêd da iawn a'r boneddigesau yno bob amser yn siriol a charedig iawn, iawn. Bob

---

*F*el y nododd, dwy fil o deithwyr oedd ar yr *Hororata.* Mae'n debyg mai llong oedd honno a adeiladwyd yn yr Alban yn 1914 i'r New Zealand Shipping Company ond a hawliwyd gan y Morlys dros gyfnod y Rhyfel. Cafodd ei tharo gan dorpido a'i suddo yn 1943 yn ystod yr Ail Ryfel Byd. Roedd yr ail long yn cario pum mil. Leiner cario teithwyr yn eiddo i Gwmni Cunard oedd y *Caronia* a lansiwyd yn 1904. Yn 1916, hawliwyd hon hefyd gan y Morlys i fod yn llong i gario milwyr. Wedi'r Rhyfel fe'i hadferwyd, i gario teithwyr rhwng Lerpwl ac Efrog Newydd gan ddod i derfyn ei hoes yn 1933.

gyda'r nos byddai yno gyngerdd reit dda, pobl wynion y dref yn canu a phob peth yno. A Gweinidog y Capel hwnnw yn arwain, ac yn rhoi anerchiad bach bob nos ac yn diweddu bob nos trwy weddïo . . . Ar ôl y cyngerdd bob nos caem faint a fynnem o swper da . . . Lle ardderchog oedd hwn a theimlaf hyd heddiw yn ddiolchgar i bobl Durban, yn enwedig i'r chwiorydd hynny a fu mor garedig wrthym ar adeg ddigalon yn ein hanes.'

Er iddo gael ei orfodi i gefnu ar ei deulu, a bod ymhell o'i gynefin, o bori yn 'Brithgofion' cefais yr argraff iddo fwynhau'i flynyddoedd yn y Fyddin unwaith y cafodd fynd dramor. Gwelodd ryfeddodau a chafodd brofiadau na fyddent wedi dod i'w ran petai wedi aros ar Benrhyn Llŷn. Gan mai mor ddiweddar â rhwng Mai 1932 a Medi 1935 yr aeth ati i ysgrifennu'i atgofion am y Rhyfel hwyrach mai'r dyddiau heulog oedd gliriaf yn ei gof.

Wrth forio ar draws Cefnfor yr India o Durban i Bombay – pythefnos o daith – deuai newyddion am y Rhyfel i'r llong yn gyson a chaent eu rhoi i fyny ar hysbysfwrdd i bawb gael golwg arnynt. Ond am y brwydro ar gyfandir Ewrop roedd yr holl sôn. Hwyrach y gwyddai Dafydd Jones cyn gadael Prydain mai'r gorchwylion pennaf wedi cyrraedd yr India fyddai hyfforddi a chadw trefn ac nid ymladd a lladd. Ar y llaw arall, sgwn i faint wyddai o am ran yr Indiaid eu hunain yn y Rhyfel Mawr?

Ychydig ddyddiau'n unig fu'i arhosiad yn Bombay – *Mumbai* er 1995 – ac argraff anffafriol a gafodd. 'Hon', meddai, 'yn dref fawr iawn ond yn ddigon budr; gwartheg gyda'r nos yn rhydd ar y stryd, eu baw hyd y palmentydd . . .' Mae'n sylw annisgwyl, braidd, gan un cynefin iawn â theilo a charthu. Er byrred ei arhosiad yno, roedd rhai pethau a dynnodd ei sylw:

'Dyma ni wrth y dociau yn Bombay ac yn edrych o'n cwmpas a'r hyn a dynnodd fy sylw gyntaf oedd troliau â gwartheg yn eu tynnu, ugeiniau ohonynt yn cario tua'r dociau; dau [fustach] ochr yn ochr â pholyn rhyngddynt a fyddent fel rheol, ac yn sownd wrth eu gyddfau, a'r dreifar bob amser yn eistedd ar fôn y polyn, ac yn curo yn arw weithiau. Gwelais aml i drol hefyd ag un bustach neu fuwch yn ei thynnu.'

Ac wedi cyrraedd y gwersyll ar gwr y dref, 'lle clyfar iawn', gwelodd ryfeddod arall a aeth â'i fryd.

'Y peth cyntaf a welais yno oedd barbwr. *Nappy* y galwent farbwr yno. Deuai drwy'r lle gan weiddi. Cofiaf byth ei eiriau, Indian wrth gwrs oedd. Llefai fel hyn, *Shave anybody wants* . . . Cariai lot o raselydd mewn strap pwrpasol ar ei gefn, yn ei law jar ddŵr fechan, a lle yn ei

Dadlwytho yn noc Alexandra, Bombay yn ystod y Rhyfel Byd Cyntaf.

gwaelod i roi tân. Byddai ganddo lo neu ryw dân yn y lle yma er cadw'r dŵr yn gynnes. Pot sebon a brws yn y llaw arall a lliain gwyn glân tros ei ysgwydd. Gwelais lawer iawn ar ôl hyn ond credaf na welais un mor ifanc ei olwg â hwn. Ond dim un gwell am shiafio na hwn rwy'n siŵr.'

Wedi gadael Bombay treuliodd fisoedd lawer mewn gwersyll tu allan i Hyderabad yn nhalaith Sindh. Fe'i disgrifiodd fel 'tref fechan fudr'. Heddiw, hi yw dinas fwyaf poblog y dalaith a'r bumed fwyaf ym Mhacistan. Newydd gyrraedd yno roedd o pan wahanwyd Roberts y Bala ac yntau a'u rhoi mewn unedau gwahanol, i fynd i wersylloedd gwahanol, ond gan ddal i berthyn i'r un gatrawd. Meddai, 'Teimlwn yn chwith iawn o'i golli.' Roedd hynny yn sicr o fod yn wir ond pa faint mwy'r golled i Roberts? Colli gwarchodaeth yr un a'i tynnai o allan o bob trybini a chyfieithu rhybuddion y swyddogion iddo, yr un a ysgrifennai lythyrau ar ei ran a'i godi mewn da bryd ben bore.

Plismona a goruchwylio oedd ei waith, yn bennaf, a'r gwaith hwnnw, oherwydd y boregodi, drosodd cyn brecwast. Y brodorion a wnâi'r holl drymwaith: carthu, bwydo'r ceffylau yn ogystal â gweini draed a dwylo ar y milwyr Prydeinig. A'r gwragedd, wedyn, yn waeth eto'u byd a theimlai yntau drostynt:

*A*mcangyfrifir i 1.3 miliwn o Indiaid fynd i faes y gad, i gynifer â 74,187 golli'u bywydau ac i rif cyfatebol gael eu clwyfo. Prin a chrintachlyd ydi'r hyn a gofnodwyd am ran India yn y Rhyfel. Fel dyn deallus, yn prysur gynefino â'r iaith Saesneg, byddai gan Dafydd ddiddordeb byw yn yr hyn a ymddangosai ar yr hysbysfwrdd. Gwybodaeth unochrog fyddai honno. Y gred oedd y byddai cefnogaeth i Brydain ar faes y gad yn gymorth, maes o law, i sicrhau annibyniaeth i'r wlad – ond torrwyd yr addewid honno. Yn ystod yr ugeinfed ganrif, Bombay oedd cadarnle'r mudiad i sicrhau'r annibyniaeth a ddaeth i fod yn 1947.

'Gwaith y brodorion yn y Camp fyddai llnau'r stablau yn lân a rhoi bwyd i'r ceffylau a'i falu . . . Os byddai'n brysur iawn arnynt byddai'r wraig yn dod i lanhau'r stabl. Basged ac ysgub a'i godi [y tail] hefo'u dwylo i'r fasged . . . ac weithiau fabi bach ar eu cefn mewn peth tebyg i siôl a dim ond ei ben allan. Nid oedd ar y merched tua'r stablau'r un iot o ofn y ceffylau; stwffient dan eu traed bron a'r hen geffylau fel pe baent yn eu nabod yn iawn . . . Y creaduriaid bach yn gaethweision yn eu gwlad eu hunain. Byddwn yn gresynu yn arw trostynt. Plant yn y stablau efo'r merched druain, y pethau bach bron yn noeth ac ambell un yn noethlymun.'

Gan ei fod yn Gristion, uniongred, yn Hyderabad teimlai ei fod mewn gwlad gwbl estronol. 'Roedd y trigolion yn Hindws hollol baganaidd heb glywed erioed am yr Efengyl fel y mae yn Iesu Grist'. Yma, fel ymhobman gydol oes, daliai ar bob cyfle i fynychu pob addoliad Cristnogol a ddeuai o fewn ei gyrraedd. Sonia am un 'Mr Atkins' a'i briod a ddeuai yno unwaith y mis i gynnal gwasanaethau ar gyfer y milwyr – y hi 'wrth yr offeryn' ac yntau'n arwain yr oedfa.

Wedi misoedd o gysgu ar longau ac mewn pebyll yn yr awyr agored roedd yn Hyderabad dai ar eu cyfer. Mae'n sôn am 'fyngalos rêl *Regular Army Style*'. (A dyna enghraifft o dermau Saesneg yn llithro i mewn.) Fel y nodwyd ar ddechrau'r gyfrol, dyma a glywai o ddydd i ddydd, ac yntau hwyrach heb y bwriad na'r hamdden i'w cyfieithu. Cydletya gyda dau neu dri milwr mewn tŷ helaeth fu'i hanes ond oherwydd ymwelwyr nosweithiol câi beth trafferth i syrthio i gysgu:

'Peth arall a fyddai yno bob nos fyddai *jackals*, math o gŵn gwylltion neu hwyrach yn debycach i lwynog y wlad hon. Deuent yno yn heidiau bob nos; clywem hwynt yn ofnadwy filltiroedd i ffwrdd. Deuent yn nes o hyd a deuent i'r Camp tua hanner nos i loffa o gwmpas, yn enwedig o gwmpas y *cookhouse*, chwilio am rywbeth i'w fwyta. Cilient yn ôl tua dau o'r gloch y bora. Roeddent yn eithaf diniwed am wn i wir, ond os digwyddent frathu rhywun dywedir ei fod yn wenwynllyd iawn.'

Am unwaith, mawr ganmolai'r ymborth a gâi yno, 'cig a chytlets a thatws i frecwast, cig a thatws a llysiau i ginio'. Wedi'i fagu yn unieithrwydd Llŷn roedd 'cytled', hefyd, yn siŵr o fod yn air newydd iddo. Prun bynnag am hynny, byddai'n yn rhaid iddo warchod pob briwsionyn o fwyd a ddeuai ar ei blât:

'Roedd yno bryfed, gwybed ychydig yn fwy na'r rhai ffordd yma; roeddynt fel pla yno. Wrth fwyta rhaid fyddai ysgwyd un law dros y plât i'w cadw draw. Os gadewch eich plât am funud byddai yn ddu o bryfed trosto. Byddai'r shytocs hefyd yn ein blino. Adar tebyg i frain ond eu bod yn llwydion. Byddai'r cogydd yn rhannu'r bwyd, cinio a brecwst, allan i ni a ninnau wedyn yn mynd i mewn i'w fwyta. Os na fyddem yn wyliadwrus iawn wrth fynd i mewn ni fyddai gennym ddim i'w fwyta. Disgynnai'r adar hyn gyda sydynrwydd mawr a chipio ein cig i ffwrdd ac wrth wneud hyn trawent y plât a cholli'r cwbl . . . Dim ail siâr i neb, felly byw heb ddim fyddai raid os collid ef. Digwyddodd hynny yn fy hanes i unwaith ond cymerais ofal wedyn.'

Yn Hyderabad cafodd lythyr oddi wrth ei deulu – os nad mwy nag un – a hynny am y tro cyntaf ers chwe mis neu well. Ychwanega ei 'fod yn falch iawn o'i dderbyn' a hawdd iawn credu hynny. Wedi i'r rhai cyntaf ei gyrraedd dechreuodd yr ohebiaeth lifo'n fwy rhwydd. Fe gymerai hi ddeufis, os nad mwy, i bob llythyr gyrraedd pen ei daith a hynny o'r naill ochr a'r llall. 'Yn un ohonynt dywedid fod Jane fy chwaer am briodi; ond cyn i mi gael y llythyr yr oedd wedi gwneud

Priodas Jane ac Ellis. Y tad ar y chwith, Johnie yn y canol, yna Margaret Roberts, y forwyn.

ers tro.' Ar 2 Chwefror 1918 y bu priodas Jane, Crowrach Isaf, ac Ellis Roberts yng Nghapel y Bwlch, Llanengan – y ddau o'r un fro. Er i mi holi'r teulu, hyd y gwn i doedd yna'r un o'r llythyrau, o unrhyw gyfeiriad, wedi goroesi a thrueni am hynny.

Fel ar bob achlysur, swil iawn oedd Dafydd i roi'i deimladau ar bapur. Eto, cyn belled ag roedd bwyd yn y cwestiwn roedd o bob amser yn fwy na pharod i fynegi'i farn. Yn Hyderabad y cafodd ei ginio Nadolig yn 1917 ac ni chafodd ei blesio – ddim o bell, bell ffordd:

'Cawsom ginio gyda'r nos am yr hwn y daliwyd un *ruppee* o'n cyflog y dydd Gwener dilynol. Roedd yn ginio â llawer o ffys o'i gwmpas, mwy o ffys na dim arall a dweud y gwir. Roedd un o'r byngalos wedi ei rigio'n neis. Y Swyddogion yn weitio arnom ni y noson honno. Y peth cyntaf a gawsom oedd platiad o sŵp digon drwg, wedyn ham wedi ei ferwi, yna tatws a *cabbage* a chig ffowlyn – reit dda ond dipyn yn oer – yna pwdin, os pwdin hefyd, nis gwn yn iawn beth oedd. Cawsom bisyn sgwâr tebyg i focs matsis go fawr bob un; dim sôn am *gravy* melys na dim. A'r pwdin yn amhosibl ei fwyta, rhywbeth gwydn heb gyrens na resan na dim arall ynddo. Credaf nad oedd yn ddim ond blawd a dŵr wedi ei gymysgu a'i ferwi – doedd dim posib torri tamaid ohono. Faint bynnag gaf fyw [25 oed oedd o ar y pryd ac i gael byw 60 mlynedd arall] ni anghofiais y pwdin Nadolig hwn yn yr India draw. Roedd potel gwrw neu lemonêd i bob un wedyn i orffen. Dewisais y lemonêd. Cafodd rhai o'r bois afael ar botel wisgi yn rhywle ac roedd llawer wedi meddwi'r noson honno. Dylaswn ddweud mai lluchio'r pwdin ar draws ac ar hyd y lle, y naill i'r llall, a wnaethom, a'i alw yn bob enw. Noson ofnadwy oedd y noson Nadolig honno, Nadolig 1917.

Ar wahân i'r dirwedd – 'hen le mawr anial agored, a'r haul wedi ei losgi'n goch'– a'r gwres llethol, bu'r arhosiad yn Hyderabad yn un braf iddo. Wedi osgoi ffosydd Ffrainc a hwylio i'r India, ac aros yno mewn heddwch cymharol am fisoedd hir, efallai y tybiai y byddai hi'n dro pedol arno cyn hir ac y câi ddychwelyd i Brydain. Yn nechrau 1917 daeth sibrydion mai cael eu hanfon i Fesopotamia fyddai'r cam nesaf. Fel gydag India, wn i ddim eto faint a wyddai am yr ymladd ym Mesopotamia. Gan ei fod mor gynefin â'i Feibl Cymraeg byddai enw'r wlad rhwng y ddwy afon, Tigris ac Ewffrates, yn gyfarwydd iddo. Hwyrach y cofiai mai 'yn ymyl Afon Ewffrates' y gorchmynwyd i Jeremeia guddio'r gwregys hwnnw a hynny 'mewn hollt yn y graig'.

Bu Twrci ar lwyfan y Rhyfel Byd Cyntaf o'r dechrau bron ond dal y gannwyll, megis, i Fyddin yr India fu rhan y Fyddin Brydeinig yn yr ymladd – gydag ychydig iawn o filwyr, mewn cymhariaeth. I baratoi'r ffordd, anfonwyd mintai fechan ar daith drên hirfaith i fyny'r wlad i gyffiniau Quetta; Baleli oedd enw'r ardal, 'un dim ond anialwch gwag wedi ei ddeifio gan yr haul'. Drannoeth, wedi cyrraedd, roedd gwaith yn eu haros. Codi pebyll ar gyfer y rhai a fyddai yn eu dilyn oedd y gwaith hwnnw:

'Roedd tracsion fawr yn cario'r tenti yno ond ni fedrent ddod â hwy reit i'r lle gan fod y lle yn anwastad iawn ac yn dywodlyd, os nad meddal hefyd. I gario'r tenti i ben eu taith cafwyd tarw gwyn mawr o rywle ac Indiaid yn ei yrru. Wrth iddo afael yn ei gyrn a deud rhywbeth yn ei glust gorweddai'r tarw hwn ar lawr, rowliem ninnau dent ar ei gefn, chwe chant o bwysau . . . Dywedai'r dyn air wrth y tarw a chodai hwnnw ac i ffwrdd â hwy. Deuai'r Indiad yn ei ôl bob tro ar ei gefn yn hapus. Tarw go handi yntê. Wrth ei olwg mae'n siŵr ei fod o ddeg i ddeuddeg oed.'

Cyn ffarwelio â Hyderabad gwyddai mai i wersyll yng nghyffiniau Quetta yr anfonwyd Roberts y Bala. Roedd ganddo 'hiraeth mawr am ei weld' a phenderfynodd droi'n dditectif a chwilio'r ardal amdano. Roedd yna wasanaeth trên yn rhedeg o gwr y gwersyll i'r dref ac ar y Suliau câi'r milwyr ganiatâd i ymweld â'r lle. Daeth o hyd i'r barics lle lletyai Roberts yn weddol rwydd. Yn anffodus, roedd hwnnw wedi picio allan ond dychwelodd yn fuan. 'Dychrynodd pan ddaeth a'm gweld i yno. Cawsom oriau hapus gyda'n gilydd hyd y dref dan gyda'r nos.' Ymhen ychydig wythnosau cafodd Roberts ei symud i'r un gwersyll â'i warchodwr, ac yng nghwmni'i gilydd y cychwynnodd y ddau am Fesopotamia.

Wrth hwylio drwy Gwlff Persia ar stemar o'r enw *Bankura*, 'un bur fudr', a hithau'n afiach o boeth, cafodd ei daro'n wael a bu am ddiwrnod a noson mewn math o ysbyty oedd ar y llong. Meddai, 'Nis gallwn brofi'r un tamaid o fwyd' ac roedd hynny'n newid mawr i un yn arferol stumongar. Wedi glanio ym Magil a cherdded i'r gwersyll ym Makina cafodd fynediad i ysbyty – y '33 British General Hospital' – a bu yno am gyfnod o chwe wythnos. Ei afiechyd oedd hen glwyf a fu'n blino dyn ers cyn cof, ac a fu'n angheuol i gymaint o filwyr yn ystod y Rhyfel Byd Cyntaf – malaria. Er ei fod yn sôn fwy nag unwaith am gysgu a rhwyden drosto rhaid bod mosgito wedi llwyddo i'w bigo rywbryd yn ystod y daith. Ar derfyn ei arhosiad, daeth allan o'r ysbyty yn 'iach ac yn gryf'.

Y gofid iddo oedd bod pob un o'i gyd-filwyr, erbyn hynny, wedi'i ragflaenu ac yntau o'r herwydd yn 'ddigalon a hiraethus ddigon'. I ychwanegu at ei ofid, roedd Roberts hefyd wedi cael ei daro'n wael ar y llong a'i gario oddi arni yn dioddef o'r clwyf melyn. Ond gan na wyddai i ba ysbyty y cafodd ei gludo torrwyd y cysylltiad rhwng y ddau unwaith yn rhagor.

Er bod awdur *Brithgofion* yn enwi lleoedd yn ofalus a chywir, ac yn manylu am wahanol ddigwyddiadau, un anhawster ydi prinder dyddiadau, penodol. Cyn belled ag y mae terfyn y Rhyfel Byd Cyntaf yn y cwestiwn mae pethau'n wahanol. 'Y dydd y deuais i allan o'r hospital,' nododd, 'yr oedd y Twrcs er llawenydd mawr i mi yn rhoi eu harfau i lawr.' Roedd hynny, felly, 30 Hydref 1918. Roedd yn dal yn y gwersyll ym Makina, 11 Tachwedd 1918, pan ddaeth y Cadoediad. 'Daeth y newydd,' meddai, 'wedi inni fynd i'n gwelyau'r nos; gellwch ddychmygu fod yno lawenydd mawr iawn'.

Fe aeth bron i hanner blwyddyn hir heibio cyn iddo gyrraedd i

Cadfridog Sir Stanley Maude a'i filwyr yn cyrraedd Bagdad, 1917.

Gymru'n ôl. Bellach, gan fod y Rhyfel drosodd, a'i wyneb tua thref, mae'n ysgrifennu'n gynilach ac yn ymddangos fel pe'n fwy sionc ei ysbryd. Teithio gan bwyll fu hi i fyny drwy Fesopotamia. Teithio dros nos ar y rheilffordd o Makina i fyny am Amara – dinas boblog, bellach, ar lan afon Tigris yn ne-ddwyrain Irac – 'fel gwartheg mewn trycs'. Yna wythnos segur i fyny'r afon i gyfeiriad Bagdad: 'chwarae cardiau ar hyd y dydd'. Doedd yr wythnos ar y stemar ddim yn fêl i gyd iddo oherwydd, 'Ychydig o fwyd a gaem; tair ysgaden galed y dydd un at bob pryd, a thun pwys o *bully beef* [corn-biff, heddiw] bob un, a thri mygiad o de reit dda.'

Serch yr wythnos segur ar afon Tigris roedd y gwasanaeth milwrol ymhell o fod drosodd. Yn dilyn, treuliwyd misoedd mewn gwersyll ychydig yn uwch i fyny na Bagdad. Meddai:

'Ni fûm yn uwch na'r fan hon. Torri ceffylau i mewn oedd yn mynd ymlaen yma – gwaith lled beryglus. Mewn tenti roeddym yma. Gwnaeth dywydd gwlyb iawn tra bûm yno. Dim ond mwd, dim ffordd na dim; tra'n sych yr oedd yn iawn ond pan yn wlyb roedd yn ofnadwy. Sincio dros ein hesgidiau wrth drio symud a'r ceffylau yn y leins bron mynd o'r golwg mewn mwd. Roedd yn ddigalon mynd yn agos atynt wir. Cofiaf yn dda un nos Sadwrn, glaw a gwynt mawr, pan aeth ein tent yn dipiau gefn nos a gorfod inni dreulio gweddill y noson mewn *harness room* bach a dim lle i orwedd ynddi o gwbl. Buom trwy bore Sul yn codi tent arall a chysgasom fel moch trwy'r pnawn Sul hwnnw. Camp annifyr iawn oedd y lle hwn, dim math o siop yn y lle . . . Yn y lle hwn yr oeddym ddydd Nadolig 1918. Ac o Nadolig digalon.'

Ei unig atgof difyr am Nadolig 1918 oedd iddo dderbyn cerdyn Nadolig 'yn dymuno Nadolig llawen i bob un oddi wrth Sefydliad y Merched yn yr India'.

Cyn gadael y ddinas treuliodd y gatrawd bythefnos yng ngorsaf y Llu Awyr yn Hinaidi ar gwr Bagdad lle'r oedd yna ysbyty yn ogystal. Yno, yn ddamweiniol y daeth ar draws Roberts unwaith yn rhagor, oedd wedi bod yn glaf yno am dri mis.

John Morris Roberts, Hendre Mawr (1895-1966), 'Cymro, uniaith bron, o gyffiniau'r Bala' a gafodd ddychwelyd yno i ffermio.

Serch ei fynych ddamweiniau a'i anhwylderau yn yr India, cafodd 'yr hen Roberts' ddychwelyd o'r Fyddin mewn iechyd a threulio gweddill ei fywyd yn ffermio, gyda'i dri brawd, yn Hendre Mawr. Hen lanc fu gydol ei ddyddiau. Bu farw yn 1966 yn 71 mlwydd oed. Mae ei fedd ym mynwent Eglwys Llanycil ar gyrion y Bala gyda'r frawddeg, 'I gofio'n dyner am John Morris Roberts / Hendre Mawr, Bala' ar y garreg. Wrth sôn am y cyfarfyddiad annisgwyl yn Hinaidi ychwanega Dafydd Jones, 'Dyma y tro olaf i mi ei weld.' O gofio'r cymaint cyfeillgarwch a fu, a chymaint y llawenydd bob tro wrth ailgyfarfod, mae'n anodd meddwl na threfnwyd un aduniad ochr yma i'r dŵr. Wrth gwrs roedd yna gryn bellter, bryd hynny, rhwng Pen Llŷn a'r Frongoch ger Cwmtirmynach.

*A*r y cei yn Bombay roedd yna ddyn yn gwerthu llyfrau a phrynodd Dafydd Jones gopi o *Torn Sails*, gan Allen Raine, gyhoeddwyd yn 1897. Disgrifiwyd y nofel fel 'a Welsh Tale'. (Dros y blynyddoedd gwerthwyd 2 filiwn o gopïau.) Un o Gastellnewydd Emlyn oedd yr awdures; cyhoeddodd yn Gymraeg yn ogystal. Wn i ddim a wyddai o, ar y pryd, fod mam yr awdures yn wyres i Daniel Rowland – un o'r Tadau Methodistaidd. Byddai gwybod hynny, mae'n ddiamau, wedi rhoi blas ychwanegol iddo ar y gyfrol. Bu'n pori yn y gyfrol yn ystod y fordaith a'i gael, meddai, yn 'llyfr reit ddiddorol'. Wn i ddim chwaith – wedi iddo ddychwelyd i Brydain – a aeth i wylio'r ffilm, o'r un enw, a ddaeth i'r sinemâu yn 1920. Go brin, dybiwn i. Er, o 1911 ymlaen dangosid ffilmiau'n rheolaidd – dwy bob wythnos – yn Neuadd y Dref ym Mhwllheli.

Wrth symud ymlaen, mae'r awdur yn dweud mai yn Kut-Al-Kūt, dinas yn nwyrain Irac, gan milltir o Bagdad – y gwelodd fwyaf o ôl y Rhyfel. Pa ryfedd, oherwydd trechwyd Byddin Prydain yno mewn brwydr galed yn Ebrill 1916. Bu brwydro yr un mor enbyd yn Chwefror 1917 i ailfeddiannu'r tir a gollwyd. Byddai hyn ychydig cyn i'r gatrawd y perthynai 'Jones 76' iddi gyrraedd yno. Bryd hynny, roedd y ffosydd yn dal yn agored ac aeth yntau o amgylch y fynwent. 'Gwelais y beddau . . . croes bren ac enwau'r trueiniaid ar lawer ohonynt, ond ni welais fedd neb a adwaenwn.'

Yn dilyn, bu am bythefnos yn yr hyn a elwid yn wersyll tramwy yn Deolali yn yr India, yn gwneud dim ond 'martsio rhyw ddwy filltir bob bore er lles ein hiechyd a phlicio tatws.' Roedd yn fan a gafodd enw drwg gan y milwyr, oherwydd y diflastod a deimlai'r bechgyn wrth orfod oedi'n hir cyn troi am adref. Ond o'r diwedd fe ddaeth gwaredigaeth:

'Dyma newydd da un dydd ein bod yn ymadael y noson honno am Bombay ac am long am adref. Amser cychwyn a ddaeth a martsiwyd ni i'r stesion a buom yno oriau lawer cyn cychwyn i ffwrdd . . . Cyraeddasom Bombay tua dau o'r gloch drannoeth. Cawsom ein hunain yn y dociau. Aethant â'r blancedi oddi arnom i gyd a chawsom bwys o de rhagorol bob un, siwt o byjamas newydd sbon, a pheth i'w roi am flwch matsus reit

105

ddel a map o'r India arno â'r geiriau *Farewell from the Ladies of Bombay*. Teimlem yn ddiolchgar iawn am y rhoddion gwerthfawr hyn.'

Bellach, roedd â'i wyneb tuag adref ar fwrdd yr HMAT *Nestor* A7 a oedd yn 'long fawr a hardd iawn'. Yn wir, mae'r lluniau ohoni sydd ar gael yn cadarnhau hynny. Llong i gario teithwyr oedd hon hefyd yn wreiddiol ond ar fenthyg, erbyn hynny, i gludo'r milwyr yn ôl i'w cynefinoedd. 'Mwynheais y fordaith hon,' meddai, 'yn fwy na'r un gan fod dau neu dri o hogiau Nefyn yn griw ar y llong, a'r Capten yn ŵr o Nefyn hefyd.'

Yna, wedi hwylio'r Môr Coch, ymwthio'n dinfain drwy Gamlas Sŵes, a 'noson fellt a tharanau' ym Môr y Canoldir, daeth Creigiau Gibraltar i'r golwg.

'A sôn am donnau, yr oeddynt fel mynyddoedd heb ddweud gormod. Dywedodd un o swyddogion y llong wrthym y byddem yn Lerpwl bora Mawrth, ond bore Mercher y cyraeddasom yno gan i'r ystorm yn yr Atlantic ein dal. Nos Fawrth, yn hwyr, gweld golau Ynys Enlli yn y pellter a balch a diolchgar iawn oeddwn o gael ei weld unwaith yn rhagor.'

Serch i'r Rhyfel Byd Cyntaf ddod i ben 11 Tachwedd 1918 roedd hi'n 30 Ebrill 1919 arno yn cyrraedd Prydain:

'Cawsom ein papurau, drannoeth, ac i ffwrdd â ni cyn gynted ag y gallem. Dim sôn am frecwast na dim. Cyrraedd Bangor yn o handi ond gweld ein hunain yn hir iawn, iawn wedyn. Cyrraedd Chwilog o'r diwedd a theimlo fy hunan yn ddigon rhyfedd rhywsut . . . Ond da iawn oedd cael dod adref yn iach. Llawer un a aeth i ffwrdd na ddaeth yn ôl.'

Yn ôl Nia Williams, Llanfairfechan – ei wyres – wedi cyrraedd Bangor ddechrau Mai 1919, a'i thaid, erbyn hyn, yn ei ddillad dimób, rhoddodd gwraig bluen wen iddo, i'w gywilyddio, gan dybio ei fod yn wrthwynebwr cydwybodol, wedi osgoi'r ymladd. Ond a ddaeth Dafydd Jones, wedi'r cyfan a welodd, yn wrthwynebydd i ryfela erbyn blynyddoedd yr Ail Ryfel Byd? Yn rhyfedd iawn, yn 'Brithgofion' dydi'r cyn-filwr ddim hyd yn oed yn cyfeirio o gwbl at y rhyfel hwnnw. Eto, yn ôl ei ŵyr, Elwyn Thomas, 'Mi fydda fo bron bob amser wrth weddio'n dyfynnu cwpled o emyn, "*Gwasgar di y rhai sy'n caru / rhyfel a'i erchylltra ef.*" Rhaid cofio, wrth gwrs, mai cadw cofnod ar gyfer ei blant oedd ei amcan a byddai'r rheini'n cofio'r Ail Ryfel Byd heb iddo gyfeirio ato o gwbl.

Ar yr ail o Fai y cyrhaeddodd Finafon yn Rhos-fawr. Byddai Lena [Helena] yn codi'n deirblwydd oed erbyn hynny; yn ddryslyd bryderus, hwyrach – os oedd hi'n effro – pwy oedd y gŵr diarth a ddaeth yno, nas gwelodd erioed, oedd yn cofleidio'i mam.

Wedi dadweindio, a dechrau ailgynefino, synnwn i ddim nad aeth o i'r capel ddydd Sul i dalu diolch. Yn ôl a ysgrifennodd yn 'Brithgofion', rhwng gadael stesion Chwilog a dychwelyd yno ddwy flynedd a deufis yn ddiweddarach, nid amheuodd, unwaith, mai cael dod yn ôl yn groeniach a fyddai'i hanes. Bore Llun, wedyn, sgwn i a biciodd o cyn belled â Gromlech i gael cip ar yr hen geffylau y bu'n ffarwelio â nhw cyn gadael? Dyna fo, mae'n gwbl bosibl i rai o'r rheini, hefyd, orfod wynebu gorfodaeth filwrol – heb ddychwelyd byth mwy.

5 Dychwelyd a dal ati

Daeth â'i ddwy flynedd a deufis fel milwr i ben mor ddiffwdan â dyn yn newid ei siwt. Yn ymarferol, dyna a ddigwyddodd: diosg iwnifform yr R.F.A. – y cap pig a'r caci – ac ailwisgo cap stabl, crysbais lliain (gan ei bod hi'n ddechrau haf), trowsus melfaréd a sach dros ei war, hwyrach, ar ddiwrnod glawog. Bu adweithiau rhai o'r milwyr a ddychwelodd wedi uffern y Rhyfel Byd Cyntaf yn rhai dirdynnol. O ddarllen 'Brithgofion', a sgwrsio gyda theulu iddo a rhai a'i cofiai, fe'm hargyhoeddwyd i mai enaid digon tebyg a ddychwelodd o Bombay i Lŷn ddechrau Mai 1919.

Bûm yn meddwl y gallasai, ar ôl gweld y byd ac ehangu'i orwelion, fod wedi ystyried newid gwaith. O ran gallu, byddai hynny'n sicr wedi bod o fewn ei gyrraedd. Nid dyna a fu'i hanes; dychwelodd at ei hen alwedigaeth. Gwas ffarm fu wedyn gydol ei oes, o dymor i dymor, o ffarm i ffarm, nes cyrraedd ei 60 oed yn 1952. Bu wrthi o le i le wedyn – yn 'rhan amser', chwedl yntau – hyd iddo gyrraedd oed pensiwn yn 1957 a sawl daliad, yma ac acw, wedi hynny.

CYFNEWID GWN AM BLADUR

Ychydig iawn, iawn a ysgrifennodd am ei hanes yn gweini wedi'r Rhyfel Byd Cyntaf. Yn wir, ysgrifennodd yr un mor helaeth, ac yn fwy manwl os beth, am yr ychydig flynyddoedd a dreuliodd yn y Fyddin ag a wnaeth am y blynyddoedd hwy a ddilynodd hynny. Y gymysgfa fel o'r blaen ydi hi, unwaith eto, ond bellach mae'n rhaid chwilio'n fanylach am y gemau ymysg y gwymon. Unwaith eto, pedigri gwas a morwyn, meistr a meistres, a bywgraffiadau o'u symudiadau ydi trwch deunydd y llawysgrif ynghyd â chofnod o'i orchwylion o ddydd i ddydd. Cyfnewidiodd wn am bladur a gwaywffon am gryman mor ddidrafferth ag y newidiodd ei frethyn a gwneud hynny'n sydyn o annisgwyl – o fewn llai na phythefnos wedi'i ddimób.

> 'I Glanllynnau yr eis yr haf hwnnw yn bedwerydd [gwas]. Tra bûm i ffwrdd bu newid mawr; cawn £18-10-0 [y tymor] cyn mynd; cawn £35-0-0 yn awr. Oriau cyn mynd, yr haf o 6 tan 7, efo'r ceffylau yn y gaeaf o 5 tan 8. Erioed y fath beth â sôn am bnawn Sadwrn. Oriau ar ôl dod yn ôl 6.30 tan 6.30. Glanllynnau yn ffarm helaeth. Terfyna ei thir â'r briffordd, dros y ffordd â thai Penygroes, Llanystumdwy, i lawr at afon Dwyfor, ac i lan y môr.'

Doedd cael ei gyflogi'n geffylwr unwaith yn rhagor, a'i gyflogi'n benodol at y gwaith hwnnw, ddim yn golygu bod yn rhydd o ddyletswyddau eraill pan fyddai galw am hynny. Er enghraifft, yng Nglanllynnau gofalai am y gwartheg pan fyddai angen. Os na fu i'r Rhyfel newid fawr ddim ar ei gymeriad, o leiaf dychwelodd at y gwaith yn geffylwr mwy profiadol. Dyma enghraifft o hynny:

> 'Criw mawr iawn o geffylau, o ddeg i bymtheg o rai yn gweithio heb sôn am ebolion. Wedi eu prynu ddechrau haf ond daeth y prisiau i lawr a methu â'u gwerthu. Cofiaf un o'r dyddiau cyntaf imi yno gael fy ngyrru i Bwllheli i nôl tri ceffyl newydd, dau o Aberdaron ac un o'r Dinas. Dod â'r tri heb ddim ond penffrwyn yn eu pennau, clymu'r tri yn ei gilydd, er na welsent ei gilydd cyn hynny. Roedd y tri wrth lwc wedi blino yn arw; ceffylau cryfion a phorthiannus braf. Roeddynt yn llond y lôn, ond cawsom ddod adref yn ddiogel. Yr unig beth â'u cyffroai oedd twrw'r trên.'

O hynny ymlaen, roedd y ceffylau a dywyswyd i Eifionydd bob cam o bendraw Llŷn i glywed cryn dipyn o sŵn trên gan fod yna reilffordd, un brysur iawn bryd hynny, yn rhedeg drwy dir Glanllynnau.

Tymor yn unig arhosodd o yng Nglanllynnau. Mae'n wir iddo ddisgrifio'r lle fel 'un digon symol am fwyd – 'bara llaeth bob bora ond bora Sul; bara llefrith y diwrnod hwnnw'. Serch amlder y bara llaeth, nid yr ymborth a barodd iddo godi'i bac wedi un tymor ond cymeriad dau o'r gweision. 'Dau,' meddai, 'na fedrwn i wneud fawr â hwy.' O'r herwydd, y Glangaeaf hwnnw dychwelodd i Gromlech, lle y gwasanaethai cyn mynd i'r Fyddin, ond at deulu gwahanol oedd newydd gyrraedd yno. Syrthio o'r badell ffrio i'r tân fu'i hanes. O gael

Aredig gyda dau geffyl. Un yng nghyrn yr aradr a'r llall yn arwain y ceffyl – i gael cwysi union.

'Dim ots sut i aredig ond cochi rywsut,' oedd y safon yn Gromlech a doedd hynny ddim wrth ei fodd mwy na'r gwŷdd oedd at ei wasanaeth, 'hen *dransplough* mawr'. Dau o'r angenrheidiau oedd aradr yn ffitio'r gofyn a'r swch neu'r sychau'n finiog. Yn hogyn 16 oed gadawodd y Fach am na chafodd 'ddysgu redig'. Yn ôl Huw Jones, yn *Cydymaith Byd Amaeth*, gallai rhai aredig acer a chwarter mewn 12 awr, a olygai gerdded 30 milltir. Yn ei gyfrol *Blas Hir Hel*, mae Griffith Griffiths yn sôn fel y byddai fy nhad ac yntau, wrth aredig tir ymhell o'r ffarm, yn rhoi 'un daliad mawr y dydd': 'Caem bryd o fwyd tua deg y bore, ac un arall ar ôl cyrraedd adref tua chwech y nos.' Yn filwr yn ystod y Rhyfel Byd Cyntaf hiraethai Dafydd Jones am gael ailgydio yn y grefft.

troi cefn ar weision anghydnaws yng Nglanllynnau, y tymor hwn cafodd feistr nas hoffai – serch bod y feistres yn wynnach na gwyn yn ei olwg:

'Dyma'r unig feistr y bûm yn cega arno. Dipyn o hen gringin oedd, ond amdani hi, dyma'r feistres glenia, gallaf, ffeindiaf a welais erioed. Roedd arno ef ei hofn a da hynny. Dim ots sut i aredig ond cochi rywsut, hen *dransplough* mawr, ac anodd ganddo brynu haearn newydd iddo. Deuai rownd weithiau a brolio'r redig a ffalsio, ond gwelai rywbeth heb fod yn iawn ar y gêr, rhyw strap yn rhy dynn neu'n rhy lac, a symudai hwy. Cefais ddigon arno a'i lol a phan ddaeth un tro a dechrau arni efo nhw, dyma fi yn taflu'r leins i lawr a dweud 'Gwnewch fel y mynnoch â hwy, rydw i'n mynd, gwnaiff meistres dalu i mi'. Dyma fo yn rhedeg i ffwrdd am ei fywyd a soniodd o byth yr un gair am y tresi wedyn.'

SICRHAU AELWYD, AC O LE I LE

Rhannu aelwyd gyda'i deulu yng nghyfraith ym Minafon fu'i hanes yn ystod y misoedd cyntaf wedi iddo ddychwelyd o'r Fyddin. Ond Glangaeaf 1919, wrth gyflogi i weini yn Gromlech, mudodd gyda'i deulu i'r Cytiau – tyddyn ar rent ar y ffordd allan o ben Mynytho i gyfeiriad Llaniestyn a Garn Fadrun. Wrth fudo i'r fan honno, roedd o yn symud i gynefin ei daid o ochr ei dad. Yno bu'r teulu wedyn am 15 mlynedd neu ragor. Cyn diwedd y tymor hwnnw, yn nechrau 1920, ganwyd John, yr ail blentyn. Diau mai gweld y teulu'n mynd i gynyddu oedd y cymhelliad i chwilio am gartref annibynnol a gwneud hynny mor fuan â phosibl.

Wedi symud i'r Cytiau, gweini yn nes i'w filltir sgwâr fu'i hanes o hynny ymlaen. Bellach, gallai droi cefn ar y llofft stabl – a'i hoerni gefn gaeaf, yn glòs a drewllyd ganol haf – a chysgu bob nos ar ei aelwyd ei hun. (Erbyn meddwl, ar wahân i ddau le yn Eifionydd yn Llŷn y treuliodd ei holl flynyddoedd gwaith.) Un anfantais iddo oedd bod y tyddyn ym mhen eithaf Mynytho a'r ffermydd lle byddai'n gweini o hynny ymlaen i lawr ar lannau afon Soch a chyn belled â Phorth Neigwl. Yn y bore roedd hynny'n fanteisiol. Meddai, 'Dôi'r hen feic i lawr yn ysgafn oni byddai gwynt yn fy erbyn.' Fin nos, wedyn, wedi diwrnod caled o waith roedd yna 'halio caled o Langian i fyny.'

Erbyn Tachwedd 1920 roedd o wedi cyrraedd i weini i ardal fu'n gynefin i mi mewn blynyddoedd diweddarach: 'Dim hanes lle a hithau'n glangaeaf, am y ffair a tharo ar Ifan Jones, Barrach; cyflogi at y ceffylau.' Er iddo aros yno bedwar tymor doedd y bwyd ddim i fyny â'i ddisgwyliadau. Amlder y lobsgows a'i blinai: 'Lobscows o fis Awst hyd fis Mehefin a dim ond llaeth cynnes a bara sych ar ei ôl. Pan ddôi tatws newydd caem datws a menyn bob dydd, ond dydd Sul, nes deuai'r lobscows wedyn.'

Ugain mlynedd yn ddiweddarach symudodd fy nhad a'i deulu i ffarm am y terfyn â Barrach Fawr – Lôn Dywyll a defnyddio'r hen enw – a chael Ifan Jones a'i chwaer, Dora, hen lanc a hen ferch, yn gymdogion teilwng o'r enw, yn hael eu croeso a'u

I gael y stori lawn, serch y gormodedd lobsgows, mae'n ychwanegu, 'Lle da am fwyd y Sul. Brwas mewn noe yn y bora.' Yna, daw sylw sy'n awgrymu'i fod yn byrticlar nid yn unig ynghylch ansawdd y bwyd ond y math o lestri a ddefnyddid. Mewn rhai o'r ffermydd lle bu'n gweini, brywes oedd ei frecwast ar foreau Sul a Mercher. Bara ceirch neu fara wedi'i falu'n fân oedd sylfaen brywes, ychwanegu lwmp o fenyn neu saim a thywallt dŵr berwedig i'r bowlen a'i adael i sefyll am ychydig. Byddai rhai'n socian y cyfan mewn llaeth neu botes. Er y cofiaf fy nhad yn ei lowcio cyn mynd allan i odro ben bore, ac i minnau ei brofi, ni allaf gofio'r blas.

*G*yda'i ddwylo y gwnâi Dafydd Jones yr hau; fy nhad yr un modd. Bûm yn ei wylio wrth y gwaith ganwaith. Yn ei gyfrol, *Aroglau Gwair*, rhoddodd W.H. Roberts ddisgrifiad perffaith, bron, o'i dad yntau yn hau. 'Rhwymai gynfas gwely amdano, un gornel dros ei ysgwydd a'r llall dan y gesail gyferbyn. Yna âi ar ei liniau, a lledu'r gynfas o'i flaen ar y ddaear fel barclod a thywalltai bentwr o geirch iddi a rhwymai'r conglau rhydd dros yr ysgwydd arall.' Cerddid wedyn o dalar i dalar gan hau â'r ddwy law, ar yn ail, mewn rhythm. Cael yr had i ddisgyn yn gyfartal, gyda chysondeb, oedd y gamp, heb fethu darn o dir na hau'r un darn ddwywaith.'

Barrach Fawr a'r tir y bu iddo yntau unwaith, mae'n debyg, ei aredig.

hymborth. Eto, serch y 'lobscows', dyddiol bron, roedd yna ambell i fonws. Fel gydag ambell i ffarm arall lle bu'n gweini, byddai'n cael benthyg ceffylau Barrach Fawr yn y gwanwyn i aredig tir ei gartref, a'i lyfnu cyn bwrw had i'r ddaear, boed wenith, ceirch, haidd neu hyd yn oed hadau gwair.

Hwyrach mai cymwynas fwy yn ei olwg, o gofio'i argyhoeddiadau, oedd y rhyddid a gâi yn Barrach Fawr i fynd i addoli ar y Suliau. Fel yn ystod ei gyfnod yn y Fyddin, a chyn hynny, daliai ar bob cyfle posibl i fynychu oedfa mewn capel neu eglwys. Fe'i cawn ar y Suliau, wedi godro neu falu, porthi'r ceffylau neu rowndio'r defaid, yn cael trefn arno'i hun ac yna'n seiclo bellter ffordd i gwrdd gweddi neu ysgol Sul. Dyna'i hanes wedi cyrraedd Barrach Fawr, 'Awn i gapel y Nant drwy'r gaeaf efo beic . . .

ac i'r capel y nos ar fy ffordd adref.' Yn achlysurol, cynhelid cyfarfodydd pregethu, yma acw. O gael noswylio'n weddol gynnar – ac o fod yn gefnogol i'r digwyddiad – byddai Ifan Jones, Barrach Fawr yn barod i ganiatáu hynny. Beiciai Dafydd Jones i wrando ar y pregethwyr arbennig a elwid yn 'hoelion wyth'. Weithiau, ceid dau am bris un.

Haf 1921 hefyd, ac yntau'n dal i weini yn Barrach Fawr, ganwyd Beti, eu hail ferch.

Pan benderfynodd adael Barrach Fawr cafodd 'gynnig taer iawn i aros yno' ymhellach ond, 'wedi syrffedu ar y lobscows', ni allai feddwl am hynny. Ymhen y flwyddyn dychwelodd i'r un cynefin. Mae Rhandir yn ffarm braf (a gwersyll carafannau erbyn

Lena yn sefyll, Beti yn eistedd a John yn gefn i'r ddwy.

Haf 1921 cafodd y llymeitiwr pregethau amser i'w gofio, 'Cyfarfod pregethu yn Llangian' ysgrifennodd. 'Yno bawb [y teulu, y gweision a'r morynion, mae'n debyg] i bob oedfa; gwrando chwech o bregethau. R. T. Owen, Llangaffo oedd un. Ddim yn siŵr o enw'r llall ond Gweinidog y Gopa [Pontarddulais] o'r De ydoedd; dau dda iawn ond gwell gen i Owen.' Y capel yn orlawn y ddwy noson a hithau'n boeth iawn. Wedi'i farwolaeth yn 1935, disgrifwyd R. T. Owen ym Mlwyddiadur ei enwad fel 'pregethwr uchelwyliau'. Mae'n fwy na thebyg mai T. F. Jones oedd y pregethwr arall, a oedd newydd ddychwelyd i Bontarddulais wedi cyfnod yn Llundain. Yn unol â ffasiwn y cyfnod, a phregethu'n berfformiad cyhoeddus, llithrodd Dafydd Jones i'r dybiaeth mai cystadleuaeth rhwng dau neu ragor oedd pregethu'r Efengyl.

hyn) ar y ffordd i fyny o bentref Aber-soch i gyfeiriad Mynytho. Newydd ddechrau yno roedd o, yn 1923, pan anwyd Mair, yr olaf o'u plant.

Rhaid iddo gael ei blesio yn Rhandir oherwydd arhosodd yn y fan honno am 15 tymor, a olygai gyfnod o saith mlynedd a hanner: 'lle reit dda am fwyd a phobl garedig iawn'. Meddai am wraig y tŷ, 'Down i hoffi Mrs Roberts yn well o hyd, gwraig drefnus, dawel a glân iawn.' Eto, cwta ddwy dudalen a ysgrifennodd am ei arhosiad yno:

'Tymor gwlyb yn 1924 – cropiau trymion iawn; tair cwlas o wair – ni welais gymaint wedyn. Fi oedd y ceffylwr a phob dim. Lle digychwyn i gario gwair na chario dim o ran hynny. Dois i lecio'n iawn yno; cawn rywbeth gan J[ohn] Roberts, yn datws, ŷd, benthyg ceffylau i bob dim, a mynd i le a fynnwn, ac i wneud llawer iawn fel y mynnwn yno.'

Cystal egluro iddo gyflogi i weini yn Rhandir ar delerau gwahanol, i fod yr hyn a alwai yn 'ddyn rhydd'. Dyna pam, mae'n debyg, fod ganddo fwy o ryddid i ddewis ei orchwylion. Wrth ddilyn ei drwyn fel hyn, ac yntau'n gweini yn Rhandir, llwyddodd unwaith i arbed ceiniog neu ddwy:

'Byddai yno tua 35 o ddefaid Llŷn gwerth eu gweld, cadw'r hesbinod bob tymor a gwerthu'r rhai hynaf; eu danfon i'r dref fel rheol, a mynd â hwy hefo'r ci – Gel, cwffiwr heb ei ail. Cofiaf un tro imi ddigwydd bod yno yn y dre a rasus cŵn defaid yno; a finnau heb weld un erioed. Prynais ddwy lath o gortyn i'w roi am wddf y ci ac yno â fi. Ces fynd i mewn heb dalu trwy fod y ci gennyf; credent mai dod i gystadlu roeddwn. Wrth ddod o'r cae holai pawb bron a oeddwn wedi bod yn lwcus.'

Plant y Rhandir a Gel, y 'cwffiwr'. O'r chwith i'r dde, Robert Morris, John Wheldon a Gruffudd Wynne, y tri mab hynaf.

Er twyllo'r rhai wrth y tollbyrth, mae'n bosibl i'r 'ddwy lath o gortyn' gostio cymaint iddo, os nad mwy, na'r tâl mynediad!

Ar y pryd, roedd teulu Rhandir, fel teulu Barrach Fawr, yn selogion yn Smyrna, Llangïan, ac fel Ifan a Dora Jones yn awyddus i'r gweision fanteisio ar rai o oedfaon y Sul. Yn Rhandir byddai'n ben set arno yn cael cychwyn i oedfa'r hwyr ac mae'n dweud y drefn am hynny. 'Adref ar ôl te'r Sul,' meddai, 'cael a chael i gael oedfa nos gan y byddai te'n bur hwyr ar y Sul – dyna ddrwg Rhandir, anodd cael prydau yn eu hamser.' I gyrchu i Gapel y Nant, Nanhoron, golygai lusgo'r beic i fyny'r allt serth i ben eithaf Mynytho i gyrraedd ei gartref, newid dillad a'i beicio hi i lawr wedyn i fod yn y capel erbyn chwech.

Yn groes i ddymuniad ei dad, yn nes ymlaen cyflogodd i weini ym Mhenbont Seithbont, ffarm yn ardal Neigwl ym mhlwyf Llandegwning, ar lan afon Soch:

'Nhad yn y ffair yn gaddo yn enbyd imi am addo mynd i'r fath le, mor ofnadwy o sâl am fwyd. Lle iawn welais i yno wir. Wrth feddwl gwelaf mor anodd i le newid ei liw. Lle sâl meddent am Penbont am iddo fod felly un adeg. Lle da meddent am Barrach, un o'r llefydd sala welais i. Hwyrach fod Barrach yn lle da yn ôl rhyw safonau ar lefydd rhywdro. Mi leciais i yn iawn yn Penbont; bûm yno naw tymor, yn canlyn ceffylau un gaeaf. Pobl garedig iawn. William Owen yn ddyn go gysact efo amser a phob peth . . . Pawb ar yr un bwrdd bob canol dydd oni fyddai rhai diarth yn y lle.'

Oni bai i'r teulu symud i ffarmio i Cae Morfa Uchaf yn ardal Pontllyfni mae'n debygol y byddai wedi oedi yno am dymhorau lawer. Roedd Penbont Seithbont, meddai, yn lle penigamp am ginio canol dydd: 'Cinio fel Sul ar ddydd Llun a dydd Iau, cig ffres a phwdin; tatws yn eu crwyn a chig mochyn wedi ei ffrio ddydd Mercher a lobsgows ddydd Sadwrn'.

Wedi'r ocsiwn aeth i Gae Morfa Uchaf am bythefnos i baratoi'r lle ar eu cyfer a hithau'n 'dywydd gwlyb iawn' – roedd hi'n dal felly adeg y mudo. Mae'r disgrifiad a roddodd o ran y mudo hwnnw, yn nyddiau trol a cheffyl, yn gronicl diddorol:

'Roedd mudo yn waith mawr; cario'r ŷd i gyd a'r tatws hefyd. Fi aeth â'r ddau geffyl yno yn y drol. Cysgu yn y Cytiau, neb yn Penbont; codi a hithau'n wlaw mawr. I Benbont am y ceffylau dau tair oed, un go ysgafn wedi'i brynu'n ddiweddar; wedi bod yn y bôn un waith. Rhoi'r llall yn y bôn ac eistedd yn y drol a thynnu'r llall tu ôl. W. O. wedi gadael siwt o ddillad oel da imi yno, a lot o sachau. Yr un o'r ddau geffyl wedi arfer ar y lôn ond roedd gennyf glamp o bastwn. Cofiaf fod arnynt ofn pobl tua'r dref, efo ambarelos. Roeddwn yn gollwng ym Mwlchffordd Uchaf ger y Ffôr. W. O. wedi danfon bwyd i mi ac i'r ceffylau. Da iawn oedd cael dod o'r drol, wedi rhynnu a chyffio. Ces awr a hanner yn y lle yma a stopiodd y gwlaw. Helpodd gŵr Bwlchffordd fi i fachu'r ceffyl arall yn y drol a'r llall tu ôl. Wel am fynd wedyn a'r un tu ôl yn gyndyn o symud.Wedi mynd trwy Lanaelhaearn arafasant. Cyrhaeddais yn ddiogel tua phump o'r gloch. Roedd yn dipyn o daith,12 milltir o'r dref beth bynnag ac wyth milltir fwy neu lai o Penbont i'r dref.'

YM MHLAS NANHORON AM DYMOR HIR

Yn Nanhoron, un o blastai Llŷn, y bu'n gweini am y cyfnod hwyaf o ddigon. Bu yno o 1936 hyd 1952. Fodd bynnag, er iddo dreulio cynifer â 30 o dymhorau yn Nanhoron ychydig iawn hefyd a ysgrifennodd am y cyfnod hwn – tudalen a hanner, mwy neu lai. Wedi symud yno, bu

Plas Nanhoron gyda'r parc yn ymestyn o'i flaen a gerddi hardd a helaeth o'r tu cefn iddo.

yn ôl ei addefiad ei hun yn 'hir cyn dod i hoffi'r lle', er na rydd resymau am hynny. Fel ceffylwr profiadol hwyrach nad oedd ei ddyletswyddau yn Nanhoron yn apelio ato: 'Fi oedd yn cario'r enw o Fugail'. Doedd y cŵn oedd yno fawr o help iddo ymgynefino:

'Roedd yno ast bach reit dda o'r enw Bet ond bu farw; wedyn roedd yn ddrwg iawn. Cafwyd ci a gast ar dreial o Llithfaen, nid y ddau ar unwaith. Cofio nad oedd modd stopio'r ast ond gwnâi fel y mynnai ei hun. Yn rhyfedd iawn nid oedd modd cychwyn y ci; nid edrychai ar ddafad o gwbl; wedi cael ei guro gan rywun reit siŵr. Cafwyd ci ifanc heb neb yn honni iddo gael ei ddysgu, o Fotwnnog; trodd allan yn gi da iawn efo defaid ond ni edrychai ar wartheg. Bu yno ar fy ôl i. Gwelais 250 o ddefaid yno ond erbyn y diwedd rhyw 130 i 150 fyddai yno. Lle digon diflas i drio edrych ar eu holau.'

Yn dilyn, mae ganddo restr hir o gwynion eraill: y defaid yn denau, yn brin o laeth ar amser wyna a'r ŵyn o ganlyniad yn marw; dim gwres tân, chwaith, a'r ŵyn newydd-anedig yn rhynnu i farwolaeth, a Nanhoron 'o dan y coed yn y parc' yn lle drwg am gynrhon. O ddarllen am ei flynyddoedd olaf yn gweini roeddwn yn dal i gael yr argraff mai bugail o raid oedd Dafydd Jones, Tŷ Brics, a cheffylwr o gael y dewis.

Y manteision iddo, meddai, o gyrraedd Nanhoron, oedd cael bod ar ei fwyd ei hun a bod yn agos iawn i'w gartref. Erbyn hyn roedd y teulu – er yn dal i fyw yn yr un gymuned – wedi symud i lawr o Fynytho yn nes i Nanhoron. Tŷ ar rent yn eiddo i'r stad oedd Tŷ Brics. Dros y ffordd union iddo mae Capel Newydd, hen dŷ cwrdd o'r ddeunawfed ganrif. Ar safle Tŷ Brics byddai gyda'r enwocaf o deulu'r Plas i mi – Catherine Edwards (1740-1811) – yn addoli wedi'i thröedigaeth at yr Annibynwyr.

Roedd Tŷ Brics unwaith, meddid, yn stabl i geffylau Catherine Edwards, gwraig y Plas, pan addolai honno yn y Capel Newydd.

Yn un peth, doedd yr amodau gwaith yn Nanhoron ddim yn union at ei ddant. Yr 'isrif' oedd ei gyflog a thâl am weithio dros oriau pan fyddai galw am hynny. Unwaith eto, roedd y bwyd, a'i amseriad, yn achos cynnen. Meddai, 'Caem de pan yn gweithio'n hwyr, y te salaf welais ei gael fawr erioed. Ei gael tua phedwar a gweithio weithiau hyd ddeg o'r gloch.'

Wrth gwrs, bu newidiadau mawr ym myd amaeth yn ystod yr Ail Ryfel Byd, a sawl newid er gwell. O ddarllen yr ychydig a ysgrifennodd am ei flynyddoedd yn Nanhoron cefais yr argraff iddo'i chael hi'n anodd addasu i'r newid oedd yn digwydd. Er ei fod, o dro i dro, yn cyfeirio at beiriannau mae'n feirniadol iawn o sawl peth:

'Roedd yno dractor a beindar cyn i mi fynd yno ond caed un newydd [yn] Ionawr 1940. Bu yno tra bûm i yno ond heb drelar am dymhorau. Cafwyd dau cyn y diwedd, a chodwr gwair yn y cae a beindar newydd. Bu lot o genod y *Land Army* yno hefyd. Llawer yno ond am fis fel prentisiaid ar ychydig iawn o gyflog; llawer yn da i ddim. Bu tair yno yn hir, digon diles ar eu gorau . . . Roedd yno ddau geffyl i'r

*E*r mai wrth ei reddf, dyn caib a rhaw a'r hen ffordd o fyw oedd o. Yn ystod ei flynyddoedd yn gweini gwelodd fyddin o beiriannau amaethyddol newydd yn cyrraedd. Wrth gwrs, roedd peiriannau lladd gwair ac ŷd, cribin geffyl a'r dril hau, dyweder, wedi hen ymddangos. Yn y Cim, yn 1908, roedd yna 'injan oel' newydd – 'Blackstone fawr 6 horse-power'. (Cwmni yn swydd Lincon oedd Blackstone a'r injan mewn bod er 1896.) Hwyrach mai yn ystod ei dymor hir yn Nanhoron, 1936 i 1953, y teimlodd chwithdod y newid: y ceffyl gwedd yn mynd ar ei bensiwn a'r tractor, bellach, yn frenin. Ac wedi gadael Nanhoron, a chael dewis gweithio neu beidio, dychwelyd at yr hen ffordd o weini fu'i hanes.

diwedd er colled fawr i'r ffarm – cadw dyn hefo nhw. Tractor bach oedd yno – International Farmall – da i ddim i redig efo'r gwŷdd oedd yno, un o'r rhai mwyaf a lle mor wlyb. Trio redig un ffordd a phoitsio. Rhywsut, rhwng pob peth doedd ryfedd iddi ddod i'r dalar.'

Un nos min nos cefais sgwrs ddiddorol iawn â Gwilym Jones, Tŷ Newydd, Llaniestyn. Cafodd Gwilym ei fagu yn Hirdrefaig, tŷ o fewn lled cae i Dŷ Brics. Roedd ei dad a Dafydd Jones yn gweithio i deulu Nanhoron a Gwilym, hefyd, wedi gweini peth yn ei gwmni. 'Na,' meddai, dyn caib a rhaw a'r hen ffordd o fyw oedd o. Ond roedd o'n weithiwr caled ryfeddol a thaclus ar ben hynny.'

Mae'n ddiamau fod peth o'i feirniadaeth ar yr oruchwyliaeth yn Nanhoron ar y pryd yn un ddigon dilys oherwydd 'i'r dalar', chwedl yntau, yr aeth pethau yn y man. Mary Georgina Lloyd Gough, gweddw ddi-blant, oedd y sgweier ar y pryd. Erbyn dechrau'r pumdegau roedd hi'n llesg, wedi colli'i golwg ac yn ddibynnol ar eraill i gadw pethau i fynd. 'Daeth yr ocsiwn,' cofnododd, 'a chefais rybudd i glirio.'

Yr Uwchgapten Richard Harden – un a enwogodd ei hun yn y Fyddin ac a fu wedyn yn Aelod Seneddol dros Swydd Armagh – a etifeddodd y stad, ond o bell. Mor bell yn ôl â 1844 roedd un o ferched y Plas, Annabella Lloyd Edwards, wedi priodi uchelwr o

Harrybrook yn Swydd Armagh, Robert Harden, a dyna'r llinach. Gweinyddodd yntau'r stad o 1954 ymlaen hyd ei throsglwyddo i'w fab, David Harden, yn niwedd yr wythdegau. Wedi'i farw ymddangosodd coffâd iddo yn rhifyn 27 Hydref 2000 o'r *Telegraph* gan ei ddisgrifio fel 'a passionate countryman and, in his prime, a renowned shot'.

Mae gen i gof ei gyfarfod un bore ar gwr lawnt y Plas. Roedd hi wedi bod yn noson eithriadol o stormus. Dyrchafodd yntau ei lygaid at do'r tŷ a'r difrod a melltithio Mary Georgina Lloyd Gough am wastraffu'r eiddo i gefnogi eglwysi plwy'r fro yn hytrach na thalu am blwm i ddiddosi to Plas Nanhoron.

Mrs Gough ar fin 'lôn newydd Nanhoron' a adeiladodd ei thaid (i gofio am fab iddo laddwyd yn y Crimea) a Wolseley o'r dauddegau yn cyrraedd – i'w chyrchu am wn i.

*C*eir portread hyfryd o Mrs Gough gan R. Gerallt Jones yn ei gyfrol *A Place in the Mind: A Boyhood in Llŷn*. Fel mab i Ficer, a hithau'n eglwyswraig bybyr, byddai Gerallt yn cael gwahoddiad i'r Plas am ei ginio Sul. Arall oedd fy adnabyddiaeth i, fel mab i denant iddi; ei gweld yn pasio yng nghar y Plas a'r sioffer, Thomas Owen wrth y llyw. Gan mai Dic, mab y sioffer, oedd fy ffrind pennaf, treuliais oriau bwy gilydd yn chwarae ar lawntiau'r Plas. Byddem ni yn ei gweld hi – er na fedrai hi ein gweld ni – yn ymlwybro'n araf ym mraich y 'companion' a ofalai amdani. Barn tenantiaid, at ei gilydd, oedd i Nanhoron fod yn feistr tir cefnogol. Dros y blynyddoedd, meistrolodd rhai o'r teulu'r Gymraeg, a'i siarad – nid Mary Georgina Lloyd Gough. Bu hi farw yn Hydref 1953 ac mae ei bedd ym mynwent eglwys Bryncroes.

'Dyrnwr Hendre Bach', a fyddai'n gyfarwydd i Dafydd Jones yn nyddiau Gromlech, a'r injan stêm yn ei droi a'i dynnu.

oedd 'ca'lyn dyrnwr', a defnyddio idiom lleol, yn un o'i orchwylion cyntaf ac olaf yn ystod ei flynyddoedd yn gweini.

Ym Medi 1905, yn 13 oed, fe'i hanfonwyd i'r Cim i ddyrnu ar ran ei dad; yn niwedd y pumdegau cawn Dafydd Jones yn mynd i ddyrnu i gynifer ag wyth o ffermydd. Âi ffermwyr a'u gweision, yn griw o 12 i 14, i ddyrnu o le i le a chael y gymwynas yn ôl. Yr unig dâl oedd y 'cinio diwrnod dyrnu' gwerth ei gael. Y 'dyrnwr mawr' oedd y peiriant pan ddechreuodd ar y gwaith, oherwydd sonia'i fod 'ar ben y das ŷd efo rhywun'; un â cheffylau yn ei dynnu ac injan stêm yn ei droi, dybiwn i. Dywed mai yn 1908 y gwelodd dracsion yn 'tynnu dyrnwr am y tro cyntaf erioed'. Yna, daeth tracsion a allai lusgo'r dyrnwr a'i droi. Tua blynyddoedd yr Ail Ryfel Byd daeth y combein i Lŷn, yn medru torri ŷd, ei ddyrnu a'i nithio'r un pryd. Yn wir, roedd dyrnu yn digwydd yn Llŷn mor ddiweddar â 1979.

123

Ar ôl derbyn 'rhybudd i glirio' daeth yr arfer o weini o ffarm i ffarm i ben yn ei hanes. Wedi plwc neu ddau ar y dôl, nawr ac yn y man – peth chwithig iawn yn ei hanes – aeth ati i 'weithio rhan amser' mewn naw o ffermydd i gyd. Dipyn o bopeth oedd ei waith – barbio ac agor ffosydd, 'chwynu am sbel', tyncuo rwdins a dyrnu'n gyson.

Er na nododd y dydd na'r awr, y fan na'i orchwyl, wedi hwsmonaeth hir daeth yn diwrnod iddo yntau ddadfachu'r wedd am y waith olaf a rhoi'i grysbais gwaith ar yr hoel. Mae'n llawenhau am na welodd 'noson ffair heb gyflogi', iddo 'gael digon o fwyd ar hyd y blynyddoedd' ac mai dim ond 'dau bwl adref yn wael' a welodd: daliodd yr eryr pan oedd yn gweini yn y Rhandir a chael trafferth gyda'i ben-glin ym Mhen-bont Seithbont. Daw â stori'r gweini i ben – fel pob rhyw brofiad a gafodd ar y daith – â'i Ffydd yn loyw a'i ddiolchgarwch yn fawr i ragluniaeth, serch yr holl galedi a welodd, am iddi ei warchod: 'Onid yw fy nyled yn fawr i'r Rhoddwr Mawr am y cwbl?'

6   Y dyn ei hun

Gan mai John Gruffydd Jones a'm cyfeirodd at y llawysgrif, anfonais e-bost ato i holi a oedd ganddo atgofion am Dafydd Jones: 'Oes, mae gen i atgofion amdano, yn enwedig gan ei fod yn flaenor yng Nghapel y Nant, ac yn aml iawn yn cerdded gyda ni i'r oedfa. Wnes i erioed feddwl amdano fel milwr gan fod ei gerddediad araf yn hynod debyg i'w gymeriad. Dyn pwyllog a swil oedd o, gweithiwr tawel a phob amser yn mynd ar ei liniau wrth weddïo. Eitha' prin ei sgwrs yn enwedig gyda phlant, ond roedd ganddo farn bendant iawn ac yn fodlon dweud hynny fel athro Ysgol Sul yn ôl y rhai yn ei ddosbarth. Efallai byddai rhai yn ei weld fel person pell, ond ei swildod oedd hynny.' A dyna grynodeb o'i gymeriad, yn ddestlus, fel ar flaen llwy.

Yn hogyn, adnabyddiaeth o bell oedd gen i o David Jones, Tŷ Brics, a'i deulu er eu bod nhw – fel yr ehed brân – yn byw llai na milltir o fy nghartref i. I gael cwmni ar y daith gerdded hir honno o Ysgol Mynytho mi fyddwn i, weithiau, yn dargyfeirio ac yn mynd heibio i lidiart Tŷ Brics. (Er does gen i ddim cof imi erioed, chwaith, daro ar y tenant.) Os oedd yna agosrwydd o ran lleoliad, roedd yna gryn bellter cyn belled ag roedd cynefinoedd y ddau deulu yn y cwestiwn. Llangïan a'i gapel oedd y ffocws i fy rhieni i a Nanhoron a Chapel y Nant oedd cynefin teulu Tŷ Brics.

Capel y Nant, dyna'r unig le bron y byddwn i'n ei weld. Er ei fod yn swyddog yno, a'r lle ymhell o fod yn llawn, eistedd yn y galeri y bydda fo, yn union uwchben y cloc ac yn llygaid y pregethwr. Do, yn ddiamau, mi glywais i fy rhieni'n cyfeirio ato ond heb ddatgelu dim syfrdanol, na champ na rhemp, neu mi fyddai hynny wedi aros hefo mi.

Ond pwy tybed oedd o, o ddydd i ddydd a gydol oes; yn ei siwt Sul ac yn ei ddillad gwaith; oddi cartref ym mhellter byd neu ar ei aelwyd ei hun? Y ffynhonell agosaf i law i mi, o ddigon, oedd

'Brithgofion'. Y dyn ei hun sy'n llefaru yn y fan honno ac yn gwneud hynny, ar dro, heb flewyn ar dafod.

BWYDYDD

Yn anfwriadol felly, mae 'Brithgofion' yn astudiaeth werthfawr o ymborth morynion a gweision ffermydd Llŷn ac Eifionydd yn hanner cyntaf yr ugeinfed ganrif. Soniodd fwy am yr hyn a fyddai ar fyrddau'r tai ffermydd nag am ddim arall. Prin mae'n gadael unrhyw fan lle bu'n gweini heb gynnig asesiad; da neu wael oedd y ddau gategori cyffredinol. Apeliai'r gwahanol neu'r annisgwyl ato: Punt-y-gwair ym mhlwyf Llangïan oedd 'yr unig le y byddai'r botel sôs ar y bwrdd' ac ym Mhenbont Seithbont 'caem wy bob bore Sul; os na fyddai wyau caem *sardines*, peth na welais eu cael yn un lle arall'.

Chollodd o mo'i archwaeth, chwaith, wedi iddo fynd i'r Fyddin. Gydol ei dymor yno, mae'n sôn yn barhaus am y bwydydd. Mor dda oedd y 'becyn' hwnnw o Hendre Mawr, Frongoch, a ddeuai i Wersyll Bettisfield i'w ffrio rhwng dau, neu'r 'cig a chytlets a thatws i frecwast, cig a thatws a llysiau i ginio' yn Hyderabad. Ond gwael enbyd, wedyn, oedd y pwdin Dolig yn Hyderabad Nadolig 1917 yn ddim ond 'blawd a dŵr'.

Wrth derfynu'i hanes yn gweini mae'n gosod y ffermydd y bu wrth eu byrddau i dri dosbarth. Er enghraifft, y 'tri lle salaf am fwyd o'r lleoedd y bûm yn gweithio oedd Bryncelyn Isaf, Penbont Llangian a Barrach'. Nid rhyfedd iddo osod Bryncelyn Isaf ar waelod y rhestr o gofio am Champion – y peilliad rhad – a'r 'bara tywyll iawn a chaled sobr' a gondemniai pan oedd yno'n gweini. Y tri lle gorau am fwyd oedd Punt-y-gwair – eto 'yr unig le na leciais foment ynddo'– Gromlech, yr eildro; a Betws Bach.

ARIAN

Bu'n ŵr gofalus o'r geiniog gydol ei dymhorau'n gweini yn ogystal â phan oedd o dros y môr gan osgoi pob gwario ofer. Pan gollodd swllt ar gêm gardiau wrth hwylio arfordir Sierra Leone, a methu â'i adfer, penderfynodd mai dyna fyddai'i gambl olaf, 'a chefais nerth i ddal at fy mhenderfyniad byth'. Yn ystod ei flynyddoedd yn yr India wedyn, mae'n gwarchod ei arian yr un mor ofalus ac yn nodi i'r geiniog yr hyn a dderbyniai oddi ar law'r Fyddin. Yn wir, ymddengys y gweithredai fel benthyciwr arian i hwn ac arall – Roberts y Bala a chyfeillion eraill iddo yn eu plith:

> 'Byddai'r hen fois yn begio arnaf o hyd am fenthyg arian . . . Rhoddais fenthyg llawer o dro i dro, ychydig bob wythnos, a chwarae teg iddynt cawn hwynt yn ôl y munud y caent eu cyflog pnawn Gwener. Ni chollais i gyd ond tair ceiniog a drwg gennyf ddweud mai gan Gymro y collais hwy. Un Hughes o Aberystwyth oedd hwnnw.'

DYN CEFFYLAU

Yn ôl rhai o'i deulu, ac eraill a'i cofiai, gallai droi'i law at bopeth yn ôl yr orfodaeth a fyddai arno ond ymddengys i mi mai ei ddiléit pennaf oedd bod yn gertmon a cheffylwr.

Sonia gydag anwyldeb mawr, gydol 'Brithgofion', am bron pob un o'r llu ceffylau y bu'n eu porthi a'u gweithio gan roi iddyn nhw eu henwau, eu rhinweddau a'u diffygion. Gofalai amdanynt, mae'n amlwg, yn glaf ac yn iach. Bryd hynny, roedd yna berthynas deuluol, bron, rhwng ceffyl a gwas, hyd at rannu aelwyd: y ceffylau yn y stabl a llofft y gweision yn union uwchben. Golygai hynny, weithiau, fynd allan berfedd nos i chwilio am ffarier. Wrth sôn am weini yn Gromlech y waith gyntaf, a'r math o ymborth a geid yno, daeth y stori a ganlyn i'w gof:

'Unwaith erioed mae cof gennyf gael pisyn o gacen; colic ar y ceffyl a finnau wedi codi, gaeaf cyntaf i mi yno. Nôl D. Roberts i'w dŷ yn y Ffôr a'r lle yn ddieithr i mi a hithau yn noson fawr, gwynt a glaw a thywyll. Cael lantern i fynd . . . Ces hyd iddo beth bynnag a llwyddo i'w godi a dod gyda mi a rhoi dos i'r ceffyl. Daeth ato ei hun cyn bo hir iawn; aeth D. Roberts adref, cefais innau de a phisyn o gacen tua thri o'r gloch y bora.'

YN FAB YNG NGHYFRAITH

Wedi i'r teulu symud i'r Cytiau yn 1920 diau y byddai rhai, bellach, yn ei gyfarch fel David Jones. Yn sicr, felly y cyfeirid ato yng Nghapel y Nant wrth alw arno ymlaen i gymryd rhan yn y gwasanaeth. Gan fod ei fam yng nghyfraith yn dal yn ddryslyd ei meddwl yn Ysbyty Dinbych, daeth ei dad yng nghyfraith, Charles Williams, 'Taid Cytiau', atynt i fyw a chyfoethogi'r aelwyd. Meddai amdano, 'Roedd Taid yn hoff ofnadwy o blant a hwythau o honno yntau . . . a'r ieuengaf o hyd oedd ei ffefryn ef.' Yn 'Brithgofion', ar wahân i 'Mam Non', cafodd feithach teyrnged na neb arall.

Yn ychwanegol at hynny, mae'r hyn a ysgrifennodd am Charles Williams ei hun yn gofnod

*P*an aeth i weini i 'Fryncelyn Min', yn 13 oed, fel yr unig was, bu'n rhaid iddo ymgymryd â phopeth. Gydag amser, datblygodd i fod yn gertmon. Golygai hynny weithio gyda cheffylau, a gofalu amdanynt; nos, yn ogystal, gan y byddai'i wely, gan amlaf, uwchben y stabl. Yr ymadrodd yn Llŷn, unwaith oedd 'canlyn 'ffylau' neu hyd yn oed 'ca'lyn 'ffylau'. Ei brawf cyntaf yn y Fach, ym Mai 1908, i gael bod yn gertmon oedd gyrru ceffyl a throl drwy adwy gyfyng. Sonia am y ceffylau o dan ei ofal gydag anwyldeb mawr. Mae termau megis mwnci, strodur, tindras – rhannau o harnais ceffyl gwedd – yn britho'i waith, a'r un modd yr offer a ddefnyddid. O gyrraedd i le newydd, âi i 'olwg y ceffylau' cyn mynd i weld ei lofft. Wedi'i orfodi i fod yn filwr, catrodau'n ymwneud â cheffylau oedd ei ddewis. Yr unig ddyrchafiad posibl i ben certmon fyddai cael ei gyflogi'n hwsmon – goruchwyliwr.

*Y*n ôl y manylion ar y dystysgrif a ddaeth i mi fe dreuliodd Ellen Williams yn agos i chwarter canrif o'i bywyd yn Ysbyty'r Meddwl ac mae ei bedd ym Mynwent y Dref yn Ninbych, mewn darn o dir a neilltuwyd i gleifion yr ysbyty. Bûm yn meddwl, a fyddai rhai o'i theulu yn ymweld â hi o dro i dro – roedd y siwrnai o Lŷn i Ddinbych yn araf a maith bryd hynny – ac oedd rhywun o'r teulu, tybed, yn bresennol ddydd ei hangladd? Yn ogystal, a fu i'r teulu ystyried cyrchu'r corff a'i gladdu'n ôl yn ei phlwyf genedigol? Roedd hynny'n bosibl, gyda chaniatâd ac os oedd gan y teulu'r adnoddau i wynebu costau o'r fath.

gwerthfawr o fywyd gwerinwr tlawd yn ail hanner y bedwaredd ganrif ar bymtheg:

'Gwelodd Charles Williams olau dydd gyntaf drwy ffenestr Tŷ Rhos ym mhlwyf Bryncroes, fis Awst, 1854. Un o'r rhai hynny ydoedd a ddaeth i'r byd yma a neb yn ei ddisgwyl nac ychwaith eisiau ei weld ynddo, ond da ydyw medru tystio, er iddo gael byw yma am 75 o flynyddoedd a phedwar mis, nad oedd neb eisiau ei weld yn troi ei gefn ar y byd hwn . . . Roedd yn ddarllenwr mawr, yn arbennig ar lyfrau pregethau a'r Beibl; benthyciai lyfrau ym mhob man. Dysgodd ddarllen ac ysgrifennu wedi tyfu yn ŵr a thad i rai o'i blant. Ni chafodd awr o ysgol ddyddiol erioed, ond roedd yn ddarllenwr ac ysgrifennwr go dda . . . Gorfu iddo weithio'n galed ar hyd ei oes. Dechrau gweini yn naw oed am ddeg swllt y tymor yn Tyddyn Mawr, Penllech. Byddai ef a'r forwyn yn godro'r defaid a'r gwartheg erbyn saith y bora; codi am bedwar o'r gloch y bora a heb un tamaid o fwyd tan saith.'

Treuliodd 'Taid Cytiau' weddill ei oes yn gweini 'am gyflog bach iawn' ac yntau, yn y diwedd, yn dad i wyth o blant. Nid na fu iddo arallgyfeirio, o dro i dro, am gyfnodau byr. Er enghraifft, bu'n gweithio yn hen chwarel ithfaen Trwyn Dwmi oedd ym Mhorth Pistyll, ochr Uwchmynydd i Fae Aberdaron.

Yng ngwanwyn 1929 cafodd ei daro'n wael a bu farw ddiwedd y flwyddyn honno. Mae ei fedd ym mynwent wledig Llanfihangel Bachellaeth, y 'lle tawela yng ngwlad Llŷn', chwedl Cynan, ond heb garreg i nodi'r union fan. Serch ei hanhwylder hir a blin bu Ellen, ei briod, fyw am saith mlynedd arall. Yn ôl ei thystysgrif marwolaeth, bu farw yn yr ysbyty yn Ninbych, 4 Rhagfyr 1937, yn 77 mlwydd oed.

YN EI BERTHYNAS Â PHOBL

Mae'n amlwg i mi, o ddarllen 'Brithgofion' drachefn a thrachefn, yr ymserchai David Jones yn fwy mewn rhai pobl na'i gilydd, er ei bod hi'n anodd dirnad beth yn union oedd ei bren mesur. Ni chafodd y ddawn i 'oddef ffyliaid yn llawen' a mynega'i farn yn rhwydd ac yn onest am hwn ac arall. Sonia am 'hen gringin' o ffarmwr, meistres 'dda ond anodd ei choelio am ddim', gwas na allai wneud 'fawr ddim ag o', morwyn 'fudr iawn' a phla 'o chwain' mewn llofft stabl. Yn ogystal â safon y cyflog, ar ben tymor gallai cymeriadau anghydnaws beri iddo ystyried newid lle.

Ar y llaw arall, wrth dreiglo o ffarm i ffarm gwnaeth gyfeillion da gan ymddiddori'n fawr yn eu hynt a'u helynt o hynny ymlaen. Yn ystod ei ddyddiau yn y Fyddin, fel y dangoswyd, bu'n eithriadol ofalus o John Morris Roberts, Hendre Mawr – y Cymro, uniaith bron, o gyffiniau'r Bala – gan ei warchod rhag melltithion y swyddogion a chyfieithu neu eiriol ar ei ran yn ôl y galw.

YNG NGOLWG EI DEULU

Ond pwy oedd o yng ngolwg ei deulu? Yr unig un o blant Tŷ Brics sy'n dal yn fyw ydi Mair, yr ieuengaf o'r pedwar plentyn. Un pnawn, bûm yn ddigon ffodus i gael sgwrs hir hefo hi, a'i merch Gwenno, yng

Nghartref Plas Maesincla yng Nghaernarfon. Mae Mair – gofrestrwyd yn Mary, fel ei mam – bellach dros ei 90. Fe'i cefais yn berson hael ei gwên, yn werthfawrogol o bob gofal a'i chof am y blynyddoedd cynnar yn glir ddigon. Wedi ymadael, bûm yn meddwl, ar ôl prun o'i rhieni roedd hi'n tynnu? Synnwn i ddim na dderbyniodd hi rinweddau o'r ddwy ochr.

Un peth a wnaeth argraff arni'n blentyn – fel ar gymaint a'i cyfarfu, wir – oedd bod ei thad yn ŵr galluog. Daeth hyn i fyny yn y sgwrs fwy nag unwaith. Dyfalai beth a fyddai'i hanes wedi bod pe bai'r cyfleoedd wedi bod yn wahanol neu ei fod o wedi manteisio ar rai a ddaeth o fewn ei gyrraedd. Cyfeiriodd, fwy nag unwaith, yn ystod yr ymgom at ei ddawn i gofio. Soniai'r ardalwyr, meddai hi, am 'go teulu Crowrach'. Roedd hi o'r farn i'w brawd, John – yr un a deipiodd a golygu peth ar 'Brithgofion' – etifeddu doniau cyffelyb. Roedd hi'n cofio 'Taid Cytiau' hefyd. Diddorol oedd ei chlywed hi'r pnawn hwnnw'n adrodd atgofion diddan am grwydro'r fro yn ei gwmni a chadarnhau, gyda balchder, mai hi, bach y nyth, oedd ei 'ffefryn' o.

Mair Parry gyda Moi, ei mab, yng nghartref Plas Maesincla.

Cafodd 'Taid Tŷ Brics' fyw'n ddigon hir i weld Nia – merch Beti a'r hynaf o'i wyresau – yn cwblhau'i chwrs coleg, yn priodi a sefydlu aelwyd. Yn fyfyrwraig, cerddai bob cam o'i chartref ym mhentref Abererch i Dŷ Brics i dalu ymweliad â'r ddau. Pan soniais wrthi am ddisgrifiad John Gruffydd Jones o'i thaid a'i ddefnydd o'r gair 'swildod' roedd hi'n cytuno; yn awgrymu, wir, y byddai 'cysetlyd' yn burion gair. Oherwydd hynny, gyda pheth petruster yr aeth Aled, ei gŵr, yno am y waith gyntaf. Fe'i siomwyd o'r ochr orau. Byddai'r sgwrsio, meddai, bob amser yn rhwydd, y sgwrs yn cerdded i sawl cyfeiriad – crefydd yn arbennig – ac yn un felys.

Aelwyd lanwaith, gyffredin ei dodrefn oedd Tŷ Brics, yn ôl Nia, gyda threfn ar bethau yno, pob dim yn ei bryd a phob peth yn ei le. O gofio diddordeb ysol ei thaid yn y math o fwyd a fyddai ar ei gyfer syndod oedd ei chlywed yn dweud mai bwrdd cyffredin fyddai yn Nhŷ Brics. Byddai ei mam, pan alwai yno, yn mynd ag ychydig o ymborth i'w chanlyn.

Fel yr awgrymodd Nia, credai David Jones mewn disgyblaeth ac roedd Elwyn, ei chefnder, yn prysuro i gadarnhau hynny. (Hwyrach mai dyna un rheswm pam y llwyddodd i oddef ei gyfnod yn y Fyddin mor ddirwgnach.) Roedd ganddo ganllawiau pendant ar gyfer byw a chredai y dylai pawb fod â gwerthoedd tebyg iddo.

Beti yn fam ifanc a Nia yn ei breichiau.

Cefais gip ar lythyrau a anfonodd at Nia, un mor ddiweddar â 1974. Ysgrifennodd hwnnw ar gefn tudalen mis Chwefror o almanac 1972. Doedd y math yna o ailgylchu ddim yn eithriad ymhlith rhai a fagwyd yn dlawd a chyfleusterau ymhell o'u cyrraedd. Ar ddechrau un llythyr mae'n tanlinellu beth oedd cyfeiriad cywir ei gartref newydd yng Nghaernarfon ac y dylid ei ysgrifennu'n gywir! Eto, mae o'i hun yn annelwig iawn cyn belled ag y mae dyddio rhai o'i lythyrau, 'waeth ar y ddaear pryd ond 1970'. Ar dro, mae'n moesoli, peth, hyd at lithro i bregethu:

'Dylem fod yn ddiolchgar iawn am iechyd, fi yn arbennig wedi ei gael am gymaint o amser, ond rhyfedd mor aniolchgar [yr ydym] onide. Rhyw ddiffyg meddwl lawer mi gredaf. A dyna sydd wrth wraidd ein colledion. Sawl cyfle a gollir, a ninnau'n gorfod dweud 'wnes i ddim meddwl' neu 'biti na faswn i wedi meddwl'. Onid dyna'r gwir amdanom oll. Wyt ti yn ifanc, tria weddio ar i Dduw dy wneud yn un feddylgar. Rhyw hen air yn deud, fod eisiau meddwl ddwywaith cyn deud unwaith.'

Un peth annisgwyl i mi, a fu'n darllen ei waith ond heb ei iawn adnabod, oedd gymaint soniwyd wrthyf am ei anwyldeb. Anfonodd Moi Parri, Carmel ger Treffynnon – mab Mair, bardd ac addysgwr – bortread hyfryd sy'n cadarnhau hynny:

'Mae'n rhyfedd cyn lleied dw i'n gallu ei gofio am Taid er y byddwn wrth fy modd yn mynd i Nanhoron am y diwrnod neu i aros. Roeddwn yn aros yno efo Megan fy chwaer pan anwyd Gwenno fy chwaer arall. Byddai croeso braf i ni yn Nhŷ Brics bob amser, gan Nain i ddechrau ac wedyn gan Taid pan fyddai'n dod o'i waith. Byddem yn cael tatws a wyau i fynd adre a chael mynd i'r cae lle mae

Capel Newydd i gasglu eirin o'r coed ar y gwrychoedd yno pan oedd yn hydref. Byddwn wrth fy modd yn cael cynorthwyo Taid i agor cyrnen yn y cae i godi tatws i fynd adre. Byddai Taid yn nôl dŵr o ffynnon bob bore a nos. Doedd y ffynnon honno ddim ar dir Tŷ Brics ond tua hyd dau gae o'r tŷ. Byddai ganddo iau ar ei ysgwyddau a dwy fwced a rheiny'n llawn ar y daith yn ôl-fflachiau.'

Yn amlach na pheidio, ôl-fflachiau byrion sy'n oedi yng nghof plentyn:

'Seremoni bwysig yn Nhŷ Brics oedd Taid yn eillio. Byddai hynny'n digwydd bob nos Sadwrn er mwyn bod yn barod at y Sul. Byddem wrth ein boddau'n gwylio hyn efo Nain yn dal y drych a'r llafn eillio mawr sgleiniog yn mynd i fyny ac i lawr.'

Y pnawn hwnnw, ym Mhlas Maesincla, soniodd Mair bron gymaint am 'Johnie Crowrach', brawd ei thad. Wedi'i dymor yn y Rhyfel Mawr dychwelodd i Growrach Isaf ac aros yno. Yno yr âi hi'n blentyn am ychydig o wyliau – fel ei brawd a'i chwiorydd. Y fo, meddai hi, a fendithiwyd â synnwyr digrifwch, digonedd ohono, yn fwy felly na'i rhieni. Fodd bynnag, prysurodd i ychwanegu mai nid lle di-hwyl oedd aelwyd Tŷ Brics. Fel yng Nghrowrach Isaf, genhedlaeth a dwy ynghynt, byddai yno fin nos gryn chwarae cardiau. Ym marn Gwenno, roedd 'Taid Tŷ Brics' – ac roedd hi'n 21 oed pan fu farw – yn 'dipyn o gesyn'! O leiaf, yn ôl ei brawd, Moi, fe wyddai sut i ddiddori plentyn:

'Bob tro yr awn i Dŷ Brics byddai Taid yn siŵr o roi'r pos canlynol i mi. Doedd gen i ddim syniad beth oedd yr ateb y tro cyntaf ond mi wyddwn yr ateb bob tro wedyn wrth gwrs. Dyma'r pennill fel y cofiaf o:

Mi anwyd baban yn Llan-di-nam
Doedd o'n fab i'w dad nac yn fab i'w fam.
Doedd o'n fab i Dduw nac yn fab i ddyn
Ond mi anwyd hwnnw fel bob un.'

Beth oedd o? Geneth oedd yr ateb wrth gwrs.

O sgwrsio gyda rhai tu allan i gylch y teulu ac sy'n dal i'w gofio, ei gofio yn y capel roedd y mwyafrif: yn ei sedd yn y galeri, gyda'i deulu, ac ar ei ddeulin yn y sêt fawr yn offrymu gweddïau cynnes a chofiadwy. Gan ei ŵyr, Elwyn, y cefais i'r disgrifiad mwyaf graffig:

'Codi ar ei draed y bydda fo yn y galeri, uwchben y cloc, a ledio emyn i'w ganu. Unwaith y byddai'r gynulleidfa wedi codi i ganu mi fydda yntau yn cerdded i lawr y grisiau a'i hunioni hi am y Sêt Fawr. Unwaith y bydda'r canu drosodd mi fydda yntau'n penlinio i offrymu gweddi. Roedd o'n weddïwr arbennig iawn. (Mi clywis o, hefyd, yn cadw dyletswydd ar yr aelwyd.) Mi fydda pobol yn cofio brawddegau o'i weddïau fo. Yna, mi fydda'n cerdded yn ôl i'w sêt yn y galeri.'

Bûm yn meddwl mai rhyw anghydfod a'i gyrrodd o i'r groglofft 'uwchben y cloc' – nid yn ôl Elwyn. Penderfynodd beidio â bod yn flaenor am na allai, oherwydd amgylchiadau'i waith bryd hynny, gwrdd â holl alwadau'r swydd. Golygai fynd i Gyfarfod Misol ar ddiwrnod gwaith ac i bwyllgorau'n gynnar fin nos. Wrth gwrs, roedd y galeri'n fan manteisiol i wrandäwr brwd ac yn rhoi peth o awyrgylch theatr iddo. Yn sicr, byddai cymryd rhan yn yr oedfa yn berfformiad didwyll ar ei ran ac, fel yr awgrymais i, yn un cofiadwy.

Yn ôl Nia, unwaith fe achosodd y stondin yn y galeri fwy o annifyrrwch iddo nag oedd rhaid. Roedd hi'r Sul olaf o ryw fis Mawrth neu'i gilydd, ac yntau erbyn hynny'n tynnu ymlaen mewn dyddiau. Daeth i'r capel yn ôl ei arfer (a'i deulu, o bosibl, i'w ganlyn) a dringo i'r galeri. Tybiai ei fod fymryn yn hwyr yn cyrraedd gan fod y gynulleidfa eisoes wedi codi i ganu. Wedi i'r canu ddod i'w derfyn eisteddodd yntau, a phawb arall yn dal ar eu traed, i glywed y sawl a arweiniai'r oedfa'n cyhoeddi'r fendith. Oherwydd ei swildod cynhenid byddai'r ffaith iddo anghofio gyrru'r cloc awr ymlaen, a phawb yn gweld hynny, yn gryn embaras iddo. Eto, oherwydd pwy oedd, go brin i'r digwyddiad arwain at lawer o dynnu coes.

I'w deulu agosaf, ei weddïau ar yr aelwyd – y 'cadw dyletswydd', fel y'i gelwid – a wnaeth argraff. Nid fod yr arfer yn eithriad yn y cyfnod hwnnw. A dyma holi Mair, ei ferch, am a gofiai hi:

Dafydd Jones yn ledio emyn yn sêt Tŷ Brics yn galeri Capel y Nant. Neu ei debyg!

'Fydda'ch tad yn gweddïo?'
'Yn y capal 'dach chi'n feddwl?'
'Ia, ac ar yr aelwyd.'
'Bydda'n tad. Mi fydda 'nhad yn cadw dyletswydd.'
'Bob bora?'
'Bora a nos fel dw i'n cofio. Yn y bora mi fydda mam yn darllan o'r Beibl a 'nhad yn gweddïo. Yna, gyda'r nos, wedyn, mi fydda ni'r plant yn darllan a nhad yn gweddïo.'

Oedfa fin nos mae Elwyn Thomas a Gwyneth, ei chwaer, yn gofio'n fwyaf arbennig. Byddai oedfa'r bore drosodd cyn iddyn nhw godi. Diau i'r oriau gwaith, a nifer yr oedfaon o bosibl, gwtogi gyda'r blynyddoedd oherwydd y cadw dyletswydd yn y bore, yn unig, mae Moi yn ei gofio:

> 'Dyna pryd y byddem yn aros i glywed Taid yn cadw dyletswydd. Byddai'n eistedd wrth y bwrdd a Nain yr ochr arall a Taid wedyn yn darllen pennod o'r Beibl a Nain yn gwrando. Gwn hynny gan y byddem yn sbecian arnynt o ben y grisiau. Dyna hefyd oedd yr amser y caem godi, hynny ydi ar ôl i Taid orffen. Byddai'n mynd i'w waith wedyn ar stad Nanhoron ar ôl brecwasta. Byddai wedi godro ac ati cyn dod i'r tŷ i gadw dyletswydd. Roedd yn godwr cynnar ac yn mynd i'w wely'n gynnar.'

'FY MERI'

Fel gwraig gartrefol a thawel ei sgwrs mae Mair yn cofio'i mam. Dyna pam, o bosibl, fod atgofion y teulu amdani'n brinach. Nid fod edmygedd y teulu ohoni, na'u serch tuag ati, fymryn llai. Bu hi farw flynyddoedd o flaen ei gŵr. Fel un gweddol unig, o ddewis, mae'r teulu'n cofio amdano fo ac o orfod felly yn ei flynyddoedd olaf. Fyddai o, yn ôl Elwyn, 'fyth yn galw yn unman heb negas'. Fe'i disgrifiwyd gan fwy nag un a'i cofiai fel 'dyn yn cadw'i bellter'.

Wrth gwrs, achos pennaf yr unigrwydd mwy ar ddiwedd y daith oedd colli'i briod. Bu hi farw dydd Gwener, 10 Ebrill 1959, a chynhaliwyd ei hangladd ym mynwent Capel y Bwlch, Llanengan, y dydd Mercher canlynol. Yn fuan wedyn ysgrifennodd deyrnged arbennig ddwys iddi o dan y pennawd 'Fy Meri' a chyfarch ei blant yr un pryd:

'Cofiwch yr aelwyd y magwyd chwi arni, un ddinod dlawd. Hwyrach na fyddwn i a Meri yn cydweld efo pob dim ond yn <u>un</u> er hynny ym mhethau mawr bywyd. Dau yn caru ein gilydd; gwnaethom ein gorau er mwyn ein gilydd a chwithau. Gwyddoch hanes eich mam bob cam wedi ichwi ddod yn ddigon hen i gofio dim. Afraid imi geisio dweud dim ychwaneg. Gwyddoch hanes yr wythnosau olaf iddi ar y ddaear; gwn innau hefyd . . . Ni feddyliais erioed y byddwn byw ar ei hôl, na chwaith gymaint fyddai fy ngholled o fod hebddi. Ni wyddwn beth oedd hiraeth mewn gwirionedd nes ei cholli hi. Do, gwnaeth ei gorau inni bob cam o'r ffordd. Melys yw fy atgofion am ei chwmni; bob amser mor dawel, mor brydlon, mor ffyddlon . . . Nid anghofiaf byth y noson olaf gyda'n gilydd, na chwaith y pryd olaf, byth, byth. Diolch i Dduw amdani ac am iddo drefnu ein llwybr i ddod i adnabod ein gilydd . . . Diolch y cawn eto gwrdd.'

Mae'n amlwg, felly, na lwyddodd siomedigaeth benna'r daith i siglo'i gred – beth bynnag am chwerwi peth ar y blas ar fyw.

Y BLYNYDDOEDD OLAF

Cyn diwedd ei oes daeth i fyw at ei fab, John Owen Jones, a drigai ar y pryd yn y Rhiw, tŷ braf ar y ffordd allan o Gaernarfon i gyfeiriad Bangor. (Fel gŵr diwylliedig, mae'n ddiamau y gwyddai David Jones mai dyna gartref yr Athro W. J. Gruffydd, y bardd a'r ysgolhaig, yn ei flynyddoedd olaf.) Yn 1971 roedd tŷ gwair Tŷ Brics wedi mynd ar dân; a fo, gyda chaniatâd y stad, oedd wedi ei godi. Dyna, mae'n debyg, a'i hanesmwythodd a pheri iddo ystyried newid aelwyd. O ran y tân, damcaniaeth Gwilym, Hirdrefaig, ac eraill y bûm yn eu holi, oedd mai gwair wedi'i gario cyn pryd, ac wedi twymo, oedd yr achos. Fel yr eglurodd Elwyn, roedd amseriad yn gwneud hynny'n amhosibl:

'Ym mis Mawrth y digwyddodd y tân hwnnw ac mi fydda'r gwair wedi hen oeri erbyn hynny. Ma' gin i go' am blisman yn galw yn ein tŷ ni ym Morfa Nefyn tua hanner nos i ddeud bod tŷ gwair Tŷ Brics wedi mynd ar dân. Ond yn ein sicrhau ni fod Taid yn iawn ond ddim yn sicr am yr anifeiliaid. A Taid oedd wedi codi'r tŷ gwair hwnnw. Yn ffodus, roedd y gwynt o'r de. Tasa'r gwynt o'r dwyrain mi allasai pethau fod wedi bod yn ddrwg iawn. Wrth ddŵad i lawr o Ben Mynytho roedd y tân i'w weld. Pan gyrhaeddon ni, roedd y plisman lleol yno. Y farn, ar y pryd, oedd mai tân wedi'i gynnau'n fwriadol oedd o. Wrth ei fod o'n byw yno ar ei ben ei hun mae'n debyg i'r tân ei anesmwytho fo. Yr Hydref canlynol mi aeth i fyw i Gaernarfon at Yncl John, brawd mam.'

Wedi cyrraedd Caernarfon cefnodd ar Gapel y Nant ac ymaelodi yn eglwys luosog Engedi, lle'r oedd ei fab yn aelod. Dyna fyddai'n naturiol iddo, yn ôl Elwyn. Fel yn ystod ei dymor yn y Fyddin, addoli gydag eraill, ble bynnag y byddai ar y pryd, ac yn ôl y cyfle a fyddai o fewn ei gyrraedd. Yn ôl ei weinidog, wedi iddo gyrraedd Caernarfon, y Parch. Trefor Jones, teimlai allan o'i fyd yn byw mewn tref – serch iddo, unwaith, ddygymod â phrysurdeb Durban a Bombay. Argraff ddigon tebyg, hwyrach, a gafodd Mair Davis sy'n byw yng Nghaernarfon. Mae Mair yn wyres i'w chwaer, Jane, ac yn cofio'i weld yn nyddiau Caernarfon yn cerdded yma ac acw â'i ddwylo ar ei grwper ac yn edrych tua'r ddaear.

Bu Dafydd Jones farw ddydd Mawrth, 18 Chwefror 1976, yn 84 mlwydd oed, a chynhaliwyd ei angladd – un preifat, fel y gellid disgwyl – ym mynwent Capel y Bwlch y dydd Iau canlynol. Yn dilyn ei angladd, talodd gohebydd lleol deyrnged iddo yn rhifyn 2 Mawrth 1976 o'r *Herald Cymraeg*: 'Yr oedd David Jones yn un diwylliedig a

Gyda'i gilydd eto ond ym Mynwent y Bwlch.

gostyngedig ac yn fawr iawn ei barch gan bawb. Bu'n flaenor, ysgrifennydd ac athro Ysgol Sul yng Nghapel y Nant am flynyddoedd maith.' Cynhaliwyd angladd ei fab, John Owen Jones, yn yr un fynwent, 23 Ebrill 1991.

Un ôl-adwaith cyffredin wedi'r Rhyfel Mawr oedd llongddrylliad cred a ffydd; thema y canodd beirdd Cymraeg a Saesneg yn helaeth iawn amdani: 'When the boys come back they will not be the same.' Dadrithiwyd William Oerddwr (William Francis Hughes) gymaint – yn ôl ei soned, 'Syrffedu' – 'nes oedi agor clawr fy Meibl byth'. Nid felly David Jones. Daw â'i stori yn y Fyddin i ben, a'r gyfrol gyfan i'w therfyn, â'i Feibl yn dal yn agored a'i gred mewn rhagluniaeth ddaionus yr un mor gadarn. Cefais innau'r teimlad mai dyna'r union nodyn y byddai am i mi ei daro – yn ei enw fel petai – wrth i mi gau pen y mwdwl. A dyna i chi idiom arall, o fyd gwas ffarm y cyfnod, yn fath o air olaf i'r cyfan.

Llun hyfryd o'r tair chwaer, o'r chwith i'r dde, Mair, Beti (yn eisteddd) a Lena. Priodas oedd yr achlysur a'r neithior yn y Ranch, Llanystumdwy.

CYDNABYDDIAETH LLUNIAU

Gwnaed pob ymdrech i ddarganfod hawlfraint y lluniau ac i sicrhau caniatâd i'w defnyddio.

Mair Davis, Caernarfon: 22, 25, 28, 99

Annie Jones Davies, Frongoch, y Bala: 104

Llelo Gruffudd, *Ffotograffiaeth Llŷn*: 18, 53, 88, 118, 136, 140

Anna Jones, Abersoch: 41(uchod), 57

Anwen Jones, Ynys, Cricieth: 64

Tony a Gwenllian Jones, *rhiw.com*: 24, 46, 56, 60, 110

Nan Parri, Caernarfon: 33, 41(isod), 62, 123, 131

Frederick Roberts, Llanfairpwll: 116

Elwyn a Gwyneth Thomas, Morfa Nefyn: 13, 15, 36, 50, 69, 74, 81, 85, 113, 120

Nia Williams, Llanfairfechan: 114, 132, 141

Gwasg y Bwthyn, *Iaith y Brain ac Awen Brudd*: 122

Gwasg Tŷ ar y Graig, *Rhodio Lle Gynt y Rhedwn*: 43

Lluniau Bettisfield, Bombay, Bagdad: Lluniau yn y parth cyhoeddus, ni wyddys pwy yw'r ffotograffwyr: 76, 95, 103